长江流域古代美术

CHANGJIANG LIUYU GUDAI MEISHU

（史前至东汉）

主编　张正明　邵学海

湖北教育出版社

序 言 (一)

张正明

假如在二三十年前，有人说"长江美术"，恐怕会被严谨的学者视为不经之谈。那时连"长江文化"这个概念也还没有名正言顺的存身之处，更说不上"长江美术"了。我们此生有幸，得以在近二三十年间，看到长江流域的考古发现如佳节良宵的烟花，一簇接一簇，从历史的暗角里腾起，绽开灿烂的笑颜。于是，小而言之，对长江美术的研究，大而言之，对长江文化的研究，受到了越来越多的中外有识之士的深切关注。

毕竟天道酬勤，近十年间，杂志上的长江文化专栏已经开辟了，报纸上的《长江史话》连载已经发表了，长江文化国际研讨会开过一次了，近70万字的《长江文化论集》和约100万字的《长江文化史》都出版了，长江文化丛书正在编纂中。现在，湖北教育出版社策划并出版的《长江流域古代美术》，则是我们几位同道多年采博选精、含英咀华之所获。

本书所要介绍的，用个比喻来说，是史前至东汉中国美术史的长江万里图。

资料来源，除了少量传世之作，无一非出土文物。正是这些令人目往神授的古代文化遗存，以雄辩的沉默改写了发生时期和成长时期的中国美术史。否则，我们的认识仍将滞留在恍兮惚兮的状态中。

图版所显示的都是原件，复制品和仿制品概不采录。原件即便有残损之处，也比任何完好的复制品或仿制品更令人信服，更耐人观赏，更能激发历史沧桑感和艺术想像力。

资料截止的时限是2000年，遇上人们乐意把它看成是圆满的标记的这个数字，实属适逢其会。

分卷兼顾时代顺序和材质类别，这是因为东汉以前难得见到不依附于实用品和建筑物的绘画和雕刻之类，殊难以美术门类分卷。陶器最早，玉器次早，这是众所周知的。漆器制作工艺比铜器铸造工艺先行，可是，两类遗物在地下保存难易有别，完好的漆器反而比完好的铜器迟出。而且，在铜器已衰微时，漆器还方兴未艾。因此，在本书中，铜器居前而漆器居后。余如织锦图案，刺绣纹样、帛画、漆画、画像石、画像砖和石雕等，都是绘画和雕刻成为独立美术门类的前奏，合为末卷。

下文所要说明的，一是何以限于长江流域，二是何以止于汉魏之际。

一

学者探寻中国美术的本源，先前都瞩目于黄河流域，不遑他顾。这是因为黄河流域考古成果偏多，学者难免产生偏识，合乎事之常理。岂但美术为然，其他文化领域也大抵如此。于是，黄河被尊为中国文化独一无二的"摇篮"，对此，民众早已耳熟能详了。

我们未能免俗，也曾对黄河流域的古代美术遗存一见倾心。但为我们始料所不及的是，近二三十年来的考古发现，竟像王夫之所讲的"地气南移"，使长江流域湮没良久的古代文化遗存竞相破土而出，愈出愈奇，终于使重河轻江的偏识得以匡正。此时此际，我们情不自禁地要向考古学家表示由衷的敬意。

又有黄河，又有长江，这是中国文化的幸运，当然也是中国美术的福分。中国传统文化的主体华夏文化是黄河与长江二元耦合的，中国传统美术的本源亦非例外。除了黄河、长江两大流域，对中国其他地方的古代美术遗存也不可等闲视之。辽河流域红山文化的陶塑和玉雕备受专家赞誉，即其一例。不过，与黄河、长江两大流域相比，中国其他地方的古代美术遗存只能是与本源有联系的旁源。

对于长江美术乃至长江文化，如果只在古代中国范围内考察，那是不够的。还应当在古代世界范围内考察，做到《庄子·秋水》所讲的"大知观于远近"才好。上古原生形态文明地带的中轴线，西起埃及吉萨的三大金字塔，东至中国浙江的河姆渡遗址，是北纬30°线。长江流域在北纬25°至35°之间，它的中轴线恰巧也是北纬30°线。有关的论证详见小文《在北纬30°线两侧》①，以及《两条中轴线的重合——长江文明的历史和现实》②。旧大陆原生形态的文明古国，跨有大约90个经度，其中，长江流域占了不下30个经度。可见，古代的长江是造化的骄子。

迄今已知中国年代最早的新石器文化遗址——澧县彭头山遗址，迄今已知中国年代既早、保存又好的古铜矿——大冶铜绿山古铜矿，以及中国早期玉器文化的渊薮——杭州良渚遗址，都贴近北纬30°线。李白有诗云："江带峨眉雪，横穿三峡流。万舸此中来，连帆过扬州。"③从长江的上游经中游至下游，先秦的蜀文化、巴文化、楚文化、吴文化和越文化，其腹地被北纬30°线串连无遗。

美术的源头似在旧石器时代中晚期，人类的审美意识情窦初开之际。西班牙的阿尔塔米拉洞穴壁画和法兰西的拉斯科洞穴壁画，为美术史家所艳称。中国尚未发现类似的远古美术遗存，只能守拙，姑置勿论。我们所深感快慰的是中国新石器时代的美术，其遗存络绎出土，令人目不暇接。

迄今已知新石器时代最早可以被称为美术作品的陶器纹饰，如太阳纹、凤鸟纹和"兽面纹"等，见于沅江上游的高庙遗址和湘江下游的南托遗址，前者距今约7400年，后者距今约7200年。迄今已知新石器时代造型最怪异的玉器纹饰也是"兽面纹"，见于良渚遗址，距今5000年左右。所谓"兽面纹"，实为神面纹，因其眉、眼、耳、鼻、口、齿夸张而变形，或有獠牙，状颇威猛，无以名之，姑且呼之为"兽面纹"。在玉器的诸多纹饰中，"兽面纹"意蕴最神秘，学术界人士至今歧见纷出。

迄今已知新石器时代品类最繁多、形象最生动的陶塑动物群像，见于汉江下游的石家河遗址，距今约4500年至4000年。

上述这些稚气与灵气都出乎今人意料的美术作品，在新石器时代以彩陶见长的黄河流域殊难一见，在新石器时代的世界其他地方也不可多得。

夏代属于铜石并用时代，具有过渡特性。它带来了文明的朝霞，但在美术上乏善可陈，这或许是因为它的文化遗存大半还在中原大地下酣睡，我们还无缘观面吧？

商周两代的青铜器美不胜收，黄河流域开风气之先，长江流域则后来居上。黄河流域的青铜器法度森严，它们受着王权和礼制的拘束，共相明显；长江流域的青铜器形态奇秀，它们是在民族较繁多、权力较分散、制度较宽松、气氛较活泼的环境中涌现的，殊相突出。诸如湖南零星出土的商代青铜器，虽总数无多，但各具孤姿绝状；江西大洋洲一次出土的大量商代青铜器，无疑是一个经传失记而藏龙卧虎的方国的遗物；四川三星堆猝然面世的商周之际的许多青铜器，前无古人，后无来者，令人在惊喜之余疑窦丛生；春秋战国时期楚系的青铜器，仪态万方，无论类别、体量、工艺、性能、造型、纹饰，都称得上夐夐独造；浙江绍兴306号越墓出土的"小铜屋"，屋内铸有男乐师四人、女歌师二人，四角攒尖的屋顶正中立着八角形柱，柱首铸有一鸟似鸠，清丽的生活情调与诡秘的巫术气息交融；云南滇池坝至洱海坝出土的春秋至东汉的青铜器，除了某些兵器效法巴蜀或百越之外，几乎全是当地特有的，如人字形屋脊状青铜棺、虎噬牛青铜案、铸有祭祀场景的青铜贮贝器和青铜骑士像等等，莫不独标一格。余如武陵山及其周围地区出土的虎钮錞于，虽已见多不怪，却也是黄河流域所没有的。

至于髹饰和刺绣，以及木雕和角雕之类，或许因为北方的水土不利于保存，乃使长江流域成为惟一的富集地带。其中，楚系的美术作品尤为头角峥嵘，漆绘和丝绣的纹样显示出光怪陆离的形式美感，木雕或角雕的动物和怪物则饱含动势和力度。

复合造型是楚系美术作品常见的意象构成方式，出于上古所在多有而楚地特别发达的一种观念。楚人认为，天地之间，不仅人与动物的界限可以消融，而且动物与植物的界限，以及有生命之物与无生命之物的界限，也都是可以消融的。这种观念始兴于巫术，大成于道家。在巫术，是转形变态信仰；在道家，是"恢诡谲怪，道通为一"④。它始于天真，臻于老成；始于神秘的猜测，臻于睿智的领悟。它所追求的是通灵入圣的"大美"，心契真宰，功同造化。

秦代如白驹过隙，没有在长江流域留下卓绝的美术作品。秦代的美术作品大概集中在关中的秦都一带，阵容壮大、气宇轩昂的秦兵马俑即其代表。

到了国祚绵长的汉代，其美术有所得也有所失。新的美术样式——石雕、画像石和画像砖先后出世了，大型石雕意气沉雄，画像石和画像砖多能执简驭繁，三者俱有寓巧于拙之妙。可是，终汉一代，奇思异想如花落水流，不可逆转，似乎年方弱冠就不再需要充满幻想和痴情的童心了。

黄河文化与长江文化不仅如兄似弟，而且你中有我，我中有你，但从来不是齐头并进的。在本书涉及的时代里，它们各有千秋。创造文字，创立王朝，都是黄河流域领先。春秋战国时期的学者，大半出在黄河流域。战国时期的诗人，则以长江流域的屈、宋为翘楚。至于美术，根据现有的考古资料，可以大致不误地说：上古三分美术史，约莫二分在长江，无论发生时期——史前，以及成长时期——夏、商、周、秦、汉，都这样。

集中审视我们相见恨晚的长江流域的美术作品，便于我们揣摩美术与天然环境和人文环境的关系，并且便于考察长江美术与黄河美术在二元耦合格局中的互动，从而正确地认知美术本源的丰富性和特殊性。

二

从汉末到隋初，360余年中，神州云扰，统一的时间不过半个世纪。对中国美术来说，这是一个涵化时期，中国传统美术涵化印度佛教美术。涵化，或多或少，或深或浅，甚至还可能有"师夷长技以制夷"的对抗涵化，总之，与人种的混血不同。因此，对于说汉末至隋初是中国美术的"混交时代"这个意见，我们未敢苟同。

本来，与异质文化接触，由此而发生单向或双向的涵化进程，是任何文化的推陈出新所必需的，多元互动总比一系单传好得多。古代中国主体民族形成和壮大的经历，足以表明它从来就有乐意吸纳异质文化的雅量。其实，中国与印度的文化交往不自佛教东传始。由考古发现可知，早在春秋晚期，就有西方始创的彩色玻璃，经由印度，传到了长江中上游。及至战国中期，又有佛教造像传入南楚⑤。可是，出于我们现在尚难明了的缘由，此事如昙花一现。佛教正式传入中国内地，还得从大约四个世纪以后的"白马驮经"算起。

佛教传入中国，酿成了中国美术史上的一大变局。古代的中国有天命观念，以及儒家的伦理和道家的哲理，本来不必另求宗教作补充，因此也就无需拒斥任何宗教。天子的权威高于一切，任何教主都要向天子俯首称臣，否则其教派就很难融入主流社会中去。佛教传来，东汉朝野处之泰然。中国的佛教入乡随俗，逐渐学会了吸收道家的哲理以改进自己的学术素质，迁就儒家的伦理以迎合中国的传统心态，从而得以融入主流社会中去。中国传统美术与印度佛教美术的关系也如此，前者是君，后者是臣，君以臣为用，臣为君所用，涵化就是在这个不容改易的模式中实现的。

印度佛教文化对中国传统文化的影响既深且广，古代外来的其他任何文化都不能相提并论。美术方面，佛教对中国雕塑的贡献彰明较著，对中国绘画的影响则在题材上较多而在技法上较少。作为晋代中国绘画当之无愧的表率，在现存顾恺之作品的摹本《女史箴图》、《洛神赋图》和《列女仁智图》上，很难找到印度佛教绘画惯用的技法痕迹。所谓"高古游丝描"纯属中国传统，在战国楚帛画《人物龙凤图》和《人物驭龙图》上已有远脉可寻。《人物龙凤图》和《人物驭龙图》虽是巫术的法器——引魂升天之幡，但已有独幅主题性绘画的形式。顾恺之的《女史箴图》和《洛神赋图》则已是为艺术而艺术的独幅主题性

绘画，而且已是早期的典范了。

考古发现足以证明，最迟在战国时期，至少在长江中游，以线条为基本造型手段的中国绘画传统就已形成，而且追求气韵，讲究骨法，有一种卓越的美学品位。

佛教的东传确实加快了中国美术前进的步伐，并且在值得重视的程度上改变了中国美术发展的方向，虽以云蒸龙变喻之亦不为过。然而，来自天竺的佛教美术到底只是支流，它一点也不别扭地汇入了从燧人氏、有巢氏之世长驱而来的干流。

本书以探讨长江流域美术的本源为己任，因而以佛教美术即将渗入中国美术之时为下限。书中所采录的一切作品都是长江流域土生土长的，对东汉以前外来的美术作品不予收容。例如号为"蜻蜓眼"的彩色玻璃珠，纯为地中海风格，楚人虽喜之，本书却不得不割爱。至于云南出土的兽纹青铜饰牌，虽为西徐亚（或译"斯基泰"）式，但都是当地制作的，与滇文化的风格无龃龉之处，因而不在剔出之列。

美术作品最有时代特色和地域特色，而又最能超越时代界限和地域界限；它们最有民族风格和个人风格，而又最能被不同民族的不同个人所心领神会。优秀的美术作品尤其如此，它们都是定格的灵感火花，光源在邈远的太古，光照及于无法预测其深长的未来，因而有永恒的魅力。读者欣赏本书所结集的诸多作品，自能应目会心，视通万里，思接千载。俯仰之际，或有迁想妙得，如此，我们于愿足矣。

注释：
① 载《长江论坛》1996年第6期。
② 载《长江流域经济文化初探》，上海人民出版社1999版。
③ 《经乱离后天恩流夜郎忆旧游书怀赠江夏韦太守良宰》，《校编〈全唐诗〉》，湖北人民出版社2001年版，卷上第614页。"横穿"，一作"川横"。
④ 《庄子·齐物论》。
⑤ 张正明、院文清：《战国中期曾有佛教造像传入南楚》，《江汉论坛》2001年第8期。

序 言 (二)

邵学海

由于20世纪70年代以来的一系列重大考古发现，"长江文化"的概念得以确立。及至20世纪末叶，随着湖北荆门郭店楚简的公布，以及相关的国际学术会议召开，深入研究长江文化的必要性与紧迫性更加显著了。它的意义在于两个方面，一是促使我们重新审视传统文化；一是推动中国历史文化的研究进入更加深入细致的阶段。可以预见，21世纪中国文化的研究将有一个新的面貌。

本图集的出版，是这一学术趋势的结果。时代上截止汉魏之际，既有上述原因，也基于以下的认识。

一

魏晋南北朝是中国美术史上一个重要转捩，相对此前的美术，这时的艺术科目增加了，艺术家成分改变了，为艺术的目的多样了。尤其佛教东传，将印度河西岸的佛教美术带到东亚大陆，中国美术于魏晋开始出现了新气象。

以佛教进入为标志，曾有学者把中国美术在此前的发展，称为"生长时代"。魏晋至隋，中国美术则进入了另一个时代，这个时代中国文化融合了佛教文化。

相当长的时间里，我们对前后两个时代美术状况的了解，详略殊异。由于史料丰富和有作品传世，知道魏晋以来的中国美术有了一个飞跃，取得了很大成就，既产生了伟大作品，也造就了一批艺术巨匠，其效应如陆机所赞叹："丹青之兴，比《雅》、《颂》之述作，美大业之馨香。"①它对后世的影响是不可低估的。然而对"生长时代"的美术流变，我们的了解则十分肤浅，除了一些鳞爪之迹，几乎不能对其漫长的历史过程作完整的描述。尽管有学者将中国美术史向上延展至庖牺、巢燧的传说时代，然终究只是一个符合历史逻辑的推断，并无切实可靠的内容。

不排除其他，但主要是这个原因，使中国美术史郁结了一个至今未得到澄清的问题，即魏晋以来的美术成就既然不是从天上掉下来的，那它的源头在哪里？它的流变又如何？适逢佛教传入，有学者于是简单地将其归于佛教的推动，甚至认为这种影响一直贯穿在中国古代美术史中。

诚然，世界上没有纯粹的民族，也没有单一的文化，凡灿烂的文明遗产，无不与异质文化结合而生出光彩。中华民族吸收外来文化早有传统，春秋战国时期出现在长江中游的玻璃珠，其钠钙成分证明产地在地中海沿岸。但那时的交流，相互间不过浅尝辄止，东西方正忙于建筑各自文明的基座，无暇也没有信心将这种交往扩展为宏大的规模。几个世纪后，佛教进入黄河、长江流域，则成为中国文化史上的重大事件。所以中外艺术史家在著述中，均给予佛教美术很高的地位。充分认识和肯定它对中国美术的影响，几乎成了研究东汉末年至六朝美术，甚至成为研究中国水墨画的前提与学术准则。

不可否认，佛教美术的影响是具体而有力的，例如在雕塑上，犍陀罗艺术中结实而有重量感的雕刻风格，以及贴体薄衣、稠密褶纹的样式，一度非常流行。但在许多方面，例如绘画这一特别体现人类智慧，即在二维平面上表现三维客观存在的重要之美术门类上，我们曾经有意无意地夸大了佛教艺术的作用，例如，日本美术史家中村不折等认为："六朝绘画固然在很多方面盛大地发展的，但这时代的绘画在中国绘画史上占重要地位者，实为伴着佛教的传播的宗教画。"②

英国艺术史家贡布里希在他著作里也高度赞扬了东晋顾恺之的画作，认为它具有"中国艺术的全部高贵和优雅之处"，如中村不折的看法，他接着说："可是，对中国艺术的最重要的推动力恐怕来自另一个宗教，即佛教的影响。"③他对魏晋以后的中国绘画，尤其山水画的特征，有着许多精到的益智怡情的阐释。遗憾的是，在他看来这些都缘于佛教的参悟，而没有想到把它与老庄精神以及玄学思潮联系起来。需要指出的是，国内一些学者、画家至今仍持这种看法。在新鲜材料不断开拓我们视野，启发我们认识的情形下，佛教美术居当时美术领域之首的观点仍很流行。

夸大佛教艺术对中国绘画的影响，客观上贬低甚至否定了中国美术在汉代以前的漫长历史，造成"中国明确的绘画史，可谓始于汉代"④的印象。这是令人困惑，也使人疑惑的，中华文明的核心于春秋战国时期形成，绘画艺术乃至美术的面貌，怎么可能在数个世纪后因佛教的推动才出现呢？这种错将"流"当"源"的结果，正是因中国美术的本原尚不清晰，即"生长时代"的资料缺乏所造成。

事实上就题材而言，文献记载魏晋的佛教绘画未必居当时美术领域之首⑤。有史家谓佛画昌盛，那只是丛林的情形，并不是整个美术界的现象，中华民族的传统画题，在当时也是蓬勃发展的。

就形式而言，作为魏晋时期中国绘画的代表，现存摹本《女史箴图》、《洛神赋图》、《列女图》，并无佛画中明暗、阴影、凹凸等所谓"龟兹风格"的表现手法。虽则北方率先接受佛教的传播，但1965年山西大同北魏墓出土的《人物故事图》，1981年宁夏固原北魏墓出土的《孝子故事图》等，反映的也是中国传统绘画的面貌。中亚传来的艺术手法，在中国境内多见于新疆克孜尔、甘肃敦煌的佛教洞窟中，当它接近中华文化中心区域时，多大程度上能被中国画题所吸收，所运用，这是需要深入考察与辨析的。

如果将上述作品与三国甚至西汉的作品加以比较⑥，无论美术形式还是美学趣味，皆如出一辙。尤其将顾恺之作品中女子的裙裾，与湖南长沙战国墓出土的《人物龙凤图》之女子的服饰加以比较，两者间除了成熟与幼稚、丰富与简洁的区别，继承关系是显而易见的。

20世纪下半叶长江流域的考古发现，补充了中国绘画自先秦至魏晋之间的缺环。马王堆出土的西汉帛画，令人信服地把顾恺之的作品与战国《人物龙凤图》联系了起来；河南南阳新野出土画像砖上的《射猎图》，证明在西汉中期，就有了中国山水画中所谓"人大于山"的早期模式；湖北荆门包山出土的漆画《迎宾出行图》，以及曾侯乙墓出土的一批漆画，证明公元前5至4世纪之间，中国绘画就形成一套完整的语言系统，表现出基本的美学倾向。

总之，魏晋时期的绘画成就，自身有一个绵长且牢固的传统，并非因为佛教艺术的影响而取得。

二

不惟绘画史上的发现，雕塑、建筑、工艺等领域都有重大的收获，20世纪最后30年出土的无以数计的陶塑、陶器彩绘，石雕、玉雕，青铜铸造，以及漆画、帛画和漆木雕刻与装饰、丝绸刺绣与织造等等，勾勒出中国早期美术漫长的发展轨迹，其造型与图式反映了汉代以前，中国艺术的特征以及基本的美学精神，它所具有的一切要素，构成了中国美术的本原。

中国本原文化的生命力是极其强盛的，尽管外来文化曾经对其产生过或大或小的影响，但文化潜能中特有的包容性与亲和性，每每使外来的刺激转变为良性生长基因，传统作为主流一直左右着中国美术史的进程。所以为完整、全面地研究中国美术史，以及中国艺术哲学的发展，我们应该了解它的本原。

中国本原文化与佛教文化，以及其他异质文化的融会，是一个复杂的现象。尽管东汉的信佛者将佛陀依附于黄老崇拜，但历史机缘的变化大小，双方契合前提的具备与否，使佛教艺术在中国美术不同科目上反映得不平衡。据现有资料，佛教艺术的影响在雕塑上表现得强烈一些，在绘画上表现得微弱一些。前者可能因苦难的社会需要一个膜拜的偶像，而佛像又是地道的犍陀罗形式，在中国原有的雕塑中没有可资糅合与依托之处，于是其格局、姿态、形象、服饰等，就始而照搬继而逐渐中国化了。而后者，一方面因中国绘画的画题与形式早已水乳交融，成为完整的艺术样式而具有排它性。另一方面，所谓"龟兹风格"的形式要素也并不完善，尽管佛教思想强大，但在绘画艺术上却不足以改变中国人，尤其是知识分子画家的美学观念，从而造成当时佛画与中国传统绘画各行其道的状况。

与雕塑、绘画相比，建筑的情形有些不同，例如须弥座能在中国的建筑上植根，因印度与中国建筑都有类似的台基所致。文化上有相同之处，一种美术样式由一处转移到另一处，是一件毫不费力的事情，于是须弥座传到中国，并有了发展。又例如，窣堵波东渐，其形式与意义诱使中国汉代的重楼，逐渐演变成魏晋以后高耸的、能够勾起人们宗教情感的佛塔[⑦]。印度佛教中佛的象征与中国文化中的神仙观念，有机地联系在一起了。

外来文化的吸收与转化过程十分复杂，但复杂现象的背后必然有某些因素支配着，并形成某些规律。佛经假玄学思潮而阐释，佛教艺术借中国形式而发展[⑧]，这些现象说明，文化上的相似性，是交流的一个前提。佛教艺术与中国雕塑、绘画间的交流，也应该遵循某些原则与规律。为寻找这些原则与规律，必须了解、辨析中国美术与外来艺术结合的过程。但是，前提是必须了解、辨析中国美术自源头而形成的美学思想与艺术形式的传统，当然还包括原始佛教艺术的形成过程。

从新石器时代到汉代，是一段激动人心的波澜壮阔的历史，这期间中国古代社会完成了由原始氏族部落向阶级社会的演进，从诸夏、诸夷的多元，逐步形成以汉族为主体，多民族融合的，政治大一统的封建国家；这期间中华文化通过漫长的孕育，无论在精神还是物质方面，形成了最基本的形态。本原文化中深沉的主流、丰富的内涵，以及恢弘的气象，确定了它日后的发展方向。

地下遗物是历史的见证，汉代以前的艺术品真实、生动、直观地体现了中华文化的基本精神。既本着历史学关怀现实的学科品质，亦为了发掘思想文化遗产，我们也不能不了解中国美术的本原。由此，重视"生长时代"，即史前以及历史时期早期美术的研究，作为时代的要求，摆在了我们面前。

三

中国美术本原的发现，大体有一个由北而南的过程。

现代考古学诞生以前，宋代以来的著录以及非科学发掘的文物，反映了些许蛛丝马迹。但这些材料不足以引起美术史界的重视。20世纪20年代事情开始有了变化：1927年，北京周口店发现旧石器时代"北京人"的雕刻工具。也是在周口店，1933年发现"山顶洞人"的穿孔饰物。尽管这些饰物以及雕刻工具，不能算作严格意义上的美术作品，但体现了我们先民在比例、色彩、质感方面初步具备的审美意识。1921年及其随后的几年，河南、甘肃、青海相继发现新石器时代中期及晚期的无以计数的彩绘陶器。1928年山东章丘发现新石器时代晚期精致的蛋壳黑陶。也在这一年，河南安阳发现了商代都城遗址，出土文物显示了殷民族卓越的美术意匠。至此，黄河流域史前及夏、商、周文化的基本轮廓由晦而显，中国现代考古学开创了良好的端绪，中国美术史的研究也由此获得丰富的资料。随后的二三十年中，安阳侯家庄商王陵区、辉县琉璃阁商墓、周原西周窖藏、丰镐遗址、洛阳东周城遗址、上岭村虢国墓地相继发掘，出土的遗物进一步补充、丰富了黄河流域三代以前的美术面貌，它的意象风神已为我们熟知。

然而，上述材料只是中国美术本原的一个部分，因其他区域长时期鲜有文物出土，才误会它是中华民族早期艺术的惟一范式。事实上它既不能完整揭示中华文化的内涵，也不能全面反映中国先秦美学的全部意义。起码对长江流域这片极其利于人类生存的沃土，我们还知之甚少[9]。当黄河流域地下遗物以其强大的震撼力唤起世界关注时，这个地区零星出土的、值得我们探索的材料，在中原文化中心论这一观念下被忽视了。

认识上的片面性，直到20世纪70年代后才逐步得到修正。1984年张光直在演讲中指出："人们常把中国文明与中原文化混在一起讨论。这样中原文化的起源就是中国文明的起源。

但在实际上……同时的南方、东方等等，各区域的文化也属于中国文明。比如楚文化或吴越文化，当然在历史时代的中国文明里面占有重要的地位。"[10]20世纪最后30年，田野考古的一个个重大发现，有力地揭示了同期长江流域文化艺术的面貌。这些历史遗物以较为清晰的脉络，比较完整的轮廓，昭示了中国文化多元复合，主要是二元复合的历史要义，体现了历史发展"和实生物，同则不继"[11]多样统一的命题，为全面反映中国艺术的本原，包括长江、黄河流域，以及其他区域文化在内的全息映像，作出了不可或缺的补充。可见，在新时代的要求下，我们不仅要重视中国美术本原的研究，同时要重视长江美术的研究。如果说本图册在时限上的划分，旨在表明中国美术的继承性，那么地域上的划分，则证明了中国文化的丰富性和复杂性。

"生长时代"长江流域的美术史，大致以陶器、玉器、青铜器、漆器、帛画、画像石、画像砖为先后序列，除个别方面，与黄河流域的美术发展大体保持了一致的脉络。但是，它所显示的艺术意志，则反映了不同于黄河流域的文化面貌。

"生长时代"长江流域的美术是激动人心的，其成就使我们明确了它在中国美术史上的贡献和地位。首先，它拥有中国，乃至世界第一流或第一位的艺术创造。例如，世界上最好的青铜艺术在中国，而中国最精美的青铜器出在长江中游。另外这一地区的漆木雕刻则是中国漆器艺术发展的第一个高峰。新西兰汉学家诺埃尔·巴纳认为，这些作品的艺术感染力，已达到了无与伦比的高度。他还认为，环太平洋地区古代美术的一些样式，即渊源于此。可见，长江流域的美术，在世界范围内也是具有影响力而不是无足轻重的。

其次，长江流域的美术丰富了中国美术的殿堂，补充了中国美术史的缺环。例如，成都平原西北缘发现的青铜群像雕塑、滇池沿岸发现的青铜器群等，在中国青铜艺术史上显示了卓尔不群的品格；例如，上、中、下游所出不同时代的陶塑、陶俑，证明在声震寰宇的秦俑这一谨严的艺术模式之外，还有发散人间烟火、表现世俗情趣的欢快的作品；例如，江汉平原以及巢湖、太湖沿岸所出大量的玉器雕刻，不仅提供了原始玉器的样式，还证明艺术媒材由陶器向青铜器转变之间，确存在一个玉器的阶段；例如，长江中游所出漆画、帛画，揭示了中国绘画早期面貌，它使魏晋南北朝的绘画找到了可靠的源头。

长江流域与黄河流域的美术互为连锁，前者的发现，还为揭示中华文明的形成过程，提供了出乎我们意料、而又无可辩驳的材料。例如，长江下游发现的，良渚文化的玉琮，数百年后成为中原殷人丧葬的重要器物。其上煊赫的标志人形兽面徽记，竟演变成商、周两代青铜器装饰的基本母题——兽面纹。相同美术形式在异地出现，意味着民族与文化的转移，它的意义是耐人寻味的。故严文明指出：浙江良渚和湖北石家河两个遗址群，属于中华文化最重要的发展链环之列，它们可能成为探索中国文明起源的突破口⑫。

本图集所收美术品，记录了长江流域的先民从原始时代走向文明，继而汇于中华一统之过程的思想印记，它在各个方面所显示的文化精神，有许多值得我们阐释。

美术是民族文化的锁钥。汉代以前长江流域的美术，体现了我们民族精神中，曾经被淡忘了的，积极向上的进取意识，它不仅是狂飙时代文化发展的驱动力，也是衣被后世的宝贵遗产，它所包含的珍贵的文化意蕴，将给予我们许多思索与启迪。

注释：

① （唐）张彦远《历代名画记》第一卷。

② 《中国绘画史》，正中书局1937年版，见《诸家中国美术史著选汇》，吉林美术出版社1992年版，第403页。

③ 参见《艺术发展史》，天津人民美术出版社1991年版，第79—83页。

④ 《中国绘画史》，见《诸家中国美术史著选汇》，第398页。

⑤ 见《历代名画记》第五卷。

⑥ 如1984年安徽马鞍山三国墓出土的一批漆画，以及制作于四川，发现于朝鲜乐浪汉墓的《孝子图》。

⑦ 参见梁思成《凝动的音乐》，百花文艺出版社1998年版，第1—67页。

⑧ 洛阳龙门石窟宾阳洞浮雕《礼佛图》(现藏美国堪萨斯博物馆)和古阳洞南壁龛供养群浮雕，接受了六朝绘画的影响，它的人物造型与南方画家乐于表现的"秀骨清像"有关。

⑨ 1984年8月至9月，张光直在北京大学考古系作了九次演讲，其中一讲《从世界古代常用模式看中国古代文明的形成》，介绍了自1926年以来关于世界农业起源研究方面的重要学者与论著。这些观点从原始农业发生的角度，指出世界古文明的出现在地理上的规律。长江流域在其研究范围内。参见《考古学专题六讲》第二讲，文物出版社1986年版。

⑩ 《考古学专题六讲》，文物出版社1986年版，第47页。

⑪ 《国语·郑语》。

⑫ 参见《肖家屋脊》（天门石家河考古发掘报告之一）代序，文物出版社1999年版。

本卫星影像图在中国政区图上的位置

四川东汉陶塑

西安

成都

大溪文化

重庆

长

贵阳

昆明

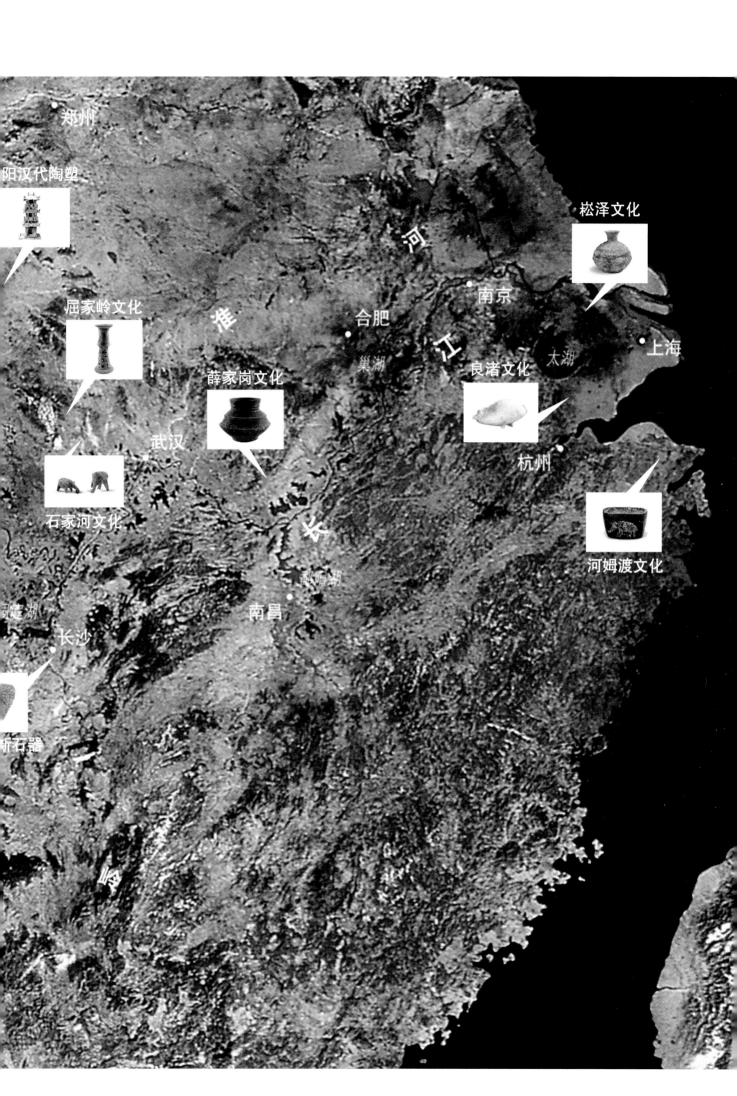

郑州

阳汉代陶塑

屈家岭文化

淮

河

松泽文化

南京

合肥

巢湖

长江

太湖

上海

薛家岗文化

良渚文化

武汉

杭州

石家河文化

河姆渡文化

长

鄱阳湖

洞庭湖

南昌

长沙

新石器

岭

目录
CATALOG

CATALOG

绪　论

邵学海

泥土与人类有着天然的关系，它反映在远古的许多故事中，耳熟能详的，一是用它造就了人，一是用它抵御了洪水。不过这都是些神话，前者是世界多数民族的传说所共有的①，后者是中华民族专有的②。

若站在科学的立场上看这些故事，显然十分荒谬，我们都知道最初的人并非用泥土捏制，自然界也没有不断生长的"息壤"。但神话既不能等同于今天的迷信，也不是无谓的幻想的产物，而是史前人类生活的折射。我们只有理解这些神话的内在意义，才能深刻地认识土壤对于人类成功地确立自身所具有的重要性与特殊性，并进一步在科学的意义上认识人类的童年。

人类与土壤的关系是密切且多方面的，当时发明的陶制品，就是将泥土经过人力以及火改变其化学、物理性质而得到的，它既是部落生活的重要器物，更是氏族社会突出的精神现象。确实，女娲造人的故事不可能得到证实，但无数考古材料证明，的确是泥土——经过人工与适度的窑温，表现了氏族部落的艺术意志，凝结了远古先民的灵魂。

陶器与陶塑照亮了史前黑暗的时代，以此为端绪，制陶、制瓷工艺遂与中华文明的发展紧密关联③，直到今天，它在我们的物质生活与精神生活中都占有重要的地位。几千年来它不仅形成自己深厚的传统，而且以一个漫长时代的象征，与青铜器、玉器等，并置于中国古代艺术的殿堂。

陶器、陶塑的出现，基于下面的时代背景。

距今约一万两千年，最后一次冰期结束，全球气候转暖，低纬度的冰盖消退，海平面随之升高，东亚大陆的边缘形成了今天的模样。这时，大陆腹地的长江、黄河流域分别产生了新石器文化，它的重要标志是，原始农业兴起，家畜饲养发展，此时，先民们能够通过自己的劳动来生产粮食，从采集天然物产的攫取性经济过渡到生产性经济。这是人类自掌握用火以来又一次伟大的进步。

农业的兴起，带来了生产方式、生活习惯等一系列的变化。例如，为了提高劳动生产率，火耕转变为锄耕，磨制石器大量出现。为了方便炊煮稻粟类食物，陶器进入原始先民的生活，其过程可能是，原始先民发现编织的容器涂上黏土可以耐火，而被火硬化了的陶器皿又可以盛水，一系列的启示促进了陶器的发明与制造。

制陶是原始农业这棵主干上长出的分枝，它逐渐与农业分离，成为独立的手工业生产部门，史前的制陶"艺术家"和陶质艺术品就产生在这些部门中。

据考古材料，我国辽河流域至珠江流域的广阔土地上，发现有新石器时代遗存约七千多处④，命名为考古学文化的有数十种之多。有学者认为，仰韶文化的遗物是华夏集团留下的；大汶口文化是东夷集团创造的；屈家岭文化则属于苗蛮集团⑤。这些重要文化遗存的分布，以及传说中原始部落联盟的活动区域，基本在黄河流域和长江中下游一带⑥。传说与考古相套和，两大流域的新石器文化，无论在发展序列和相互关系上所显示的清晰度，是其他区域文化所不及的，它是中国古代文明形成和发展的基础，也是中国历史的重要部分。

由于我国新石器文化分布十分广泛，而原始先民受地理气候影响又太大的缘故，史前陶器艺术的面貌，包括器形和装饰是不一样的，《礼记·王制》谓："凡居民材，必因天地寒暖燥湿，广谷大川异制，民生其间者异俗，刚柔、轻重、迟速异奇，五味异和，器械异制，衣服异宜。修其教不易其俗，齐其政不易其宜。中国戎狄，五方之民，皆有性也。"古人充分认识到自然因素对文化发展的作用，并从社会生活的各个方面，阐释了区域文化间的差异。

中华文明的主体是二元耦合的，中国陶器、陶塑艺术的风格大体也分为两大类型，以秦岭为界，黄河中、上游的为一种，表现为彩陶的视觉样式，这一点早已为我们熟知。长江中下游的为另一种，表现为素面刻划的视觉样式，这一点我们就比较陌生了。

长江中下游的原始文化及陶器与陶塑

长江中下游及其支流地区，雨量充沛，气候暖湿，港汊湖泊纵横，地势平坦广阔，常绿阔叶和落叶阔叶的混交林遍布原野，水生植物和湿生草本滋生沼泽，冲积平原上生存有亚洲象、犀牛、猕猴和孔雀等热带动物。新石器时代长江流域的气候状况和自然景观，大致与今天北回归线以南的地区相似。这里的原始人类就在这一优越的条件下生息繁衍。

20世纪80年代至90年代，湘西的黔阳高庙、湘北的长沙南托，先后发现了距今约7400年的大量人类活动遗迹[7]，由于文化属性还须深入探讨，两处发掘的遗迹、遗物在考古学上称为高庙遗存和南托遗存。

与高庙、南托遗址的年代约莫相当，另一支氏族部落在江汉平原西部，长江两岸一带活动，他们的遗存，考古学家命名为城背溪文化。距今约6000年，在城背溪文化的基础上出现了另一支考古学文化，它的范围比城背溪文化要大得多，包括今天的重庆、湘北以及湖北的大部。这个原始社会集团与城背溪文化在族源上是什么关系，今天很难考证，但在文化上，后者对前者是有继承的。这些遗迹首先发现在四川巫山（今属重庆）大溪，故命名为大溪文化。

大溪文化是长江中游以及上游部分地区重要的新石器文化，作为文化的各个要素已经表现得非常成熟。它有较发达的原始农业，主要种植水稻，在丘陵山地也种植粟和芋薯类植物，渔猎在经济生活中仍占较重的比例。他们除了猎食野猪和鹿，还大量捕捞鱼和蚌类。农业的进步依赖石器加工技术的提高，已知的材料证明他们的磨制、钻孔等石器工艺得到了广泛的使用。他们的社会形成聚落，聚落中居所的房子一般有大、中、小三种规格，大的估计在八九十平方米，小的约有35平方米。居所也有成排而分间的，其规模宏大而集中，它反映了当时社会的组织结构和相互关系。他们有划定的墓葬区，墓葬的情况表明这个社会出现了贫富的差别。他们的制陶业也较为发达，早期的陶器就是用窑烧制的，随着慢轮和快轮的出现，陶器的制造渐趋精致。

约一千余年后，屈家岭文化替代大溪文化出现。较之大溪文化的活动范围，它的东向、北向扩展了，西向收缩了，今天的江汉平原、南阳盆地以及迤北一带，都是他们的领地。又过了约1000年，在屈家岭文化的基础上产生了石家河文化。它的范围与屈家岭文化相比，除了北向收缩，其他则维持了原状。石家河文化虽然延续的时间不长，但在中国新石器文化中却有很重要的地位，有学者认为，中游的石家河文化和下游的良渚文化，属于中华文化最重要的发展链环之列，它们可能成为探索中国文明起源的突破口[8]。

长江中游，以及上游的部分地区，新石器文化的状况大体如此，自早至晚，它有一个完整的发展序列，并且在若干个主要方面保持了相似的传统。

长江下游，也是在7000年前，或者说公元前5000年至前3300年之间，一支原始先民生息繁衍在杭州湾南岸的宁（波）绍（兴）平原及舟山群岛一带。他们种植稻谷，以得到碳水化合物及糖分的来源，从稻谷遗存的数量来看，当时的种植规模在世界上是首屈一指的。他们也捕获鹿、麋、獐、亚洲象、犀牛等，以取得身体必须的蛋白质与脂肪。他们将动物的遗骸制成镞和镖，以便再行渔猎时作为武器。较大动物的肩胛骨则制成翻土用的骨耜，这一点与长江中游是有区别的。他们居住在干栏式建筑里，挖掘了水井，其实当地的水源充足，可见他们知道饮用干净的井水有益健康。他们还能编结原始织物，利用天然漆液制作木胎漆器，烧制陶器等等。上述遗迹、遗物于1973年在浙江余姚河姆渡被发现，不久即命名为河姆渡文化。

就在杭州湾南岸的河姆渡文化形成之时，太湖流域产生了另一支以马家浜命名的新石器文化。数千年中，这个原始社会集团发生了两次变异，第一次演变所产生的文化形态，今天命名为崧泽文化，第二次演变所产生的文化形态，今天命名为良渚文化。从马家浜文化到良渚文化的进步，表现有两个趋势，一是逐渐与杭州湾南岸的新石器文化相融合，二是影响不断扩大，其范围从太湖周边，扩大到长江、黄河流域的广大地区。如此深远的穿透力，证明这支部落联盟，尤其良渚文化的先进性是无可置疑的。

新石器时代的诸文化中，良渚文化的社会组织率先出现了宗族制度[9]。同时，为统治者掌握，并直接为其服务的原始宗教臻于完善。至于陶器上的刻划符号，"使我们倾向于这种符号是汉字先行形态的假说"[10]。在物质文化方面，他们不仅种植水稻，农作物中还有蚕豆、芝麻、甜瓜等[11]。他们的居所不仅有干栏建筑的形式，还有地面建筑。治玉和编织业也十分发达。他们织造的绢片，是世界上迄今已知最早的丝织品。

从马家浜到良渚的发现，揭示了长江至甬江间新石器文化完整的发展序列，它们之间的文化传统也是上下衔接的。

长江下游新石器文化发展的状况较中游要复杂一些，除了宁绍平原和太湖流域，江淮之间及宁（南京）镇（镇江）

地区还产生了另外数支新石器文化，一支薛家岗文化，一支青墩文化以及北阴阳营遗址、含山遗址等。由于处在中游和下游两大原始文化系列之间，以及中原至江南的要冲，他们的文化不免带有多种因素。

长江流域新石器文化大体分为两个版块，每个版块又可以分为若干个区域。各区域中不同的审美趣味，或者版块中相似的艺术传统，主要反映在陶器、陶塑的纹饰与形态上。

中游的新石器文化有两个区域，沅江、湘江为一个，江汉地区为一个。黔阳高庙遗址发现有戳印、刻纹的陶器，是沅江流域原始艺术的代表。根据戳印以及刻印的痕迹，推测当时使用的刻划工具可能是薄竹片，刻划的图式有波浪、带状、梯形、垂帘、凤鸟、兽面等，图案较为工整，其中凤鸟纹和兽面纹在美术史以及文化人类学上都具有重要的意义。

凤鸟纹见于数件陶罐、陶盘的颈与外壁上，造型都是长冠勾喙，羽翼振飞，鸟的翅膀上还画了两个圆圈，考古工作者认为这是光芒四射的太阳，它表现的是凤鸟载日的意义。兽面纹有两种类型，一种为两颗獠牙，一种为上下四颗獠牙，有的较为简洁，有的还带有翅膀，纹饰一般见于陶罐的颈部以及簋的底部。所谓兽面，其实并不状物，也不完整，与鸟的造型相比，它只是一个抽象的符号，其狞厉的意义是由巨大的獠牙所昭示的。有些兽面纹的獠牙间，还戳印一个似为侧面的人，有人认为它表现了人被神兽吞食的主题[12]。陶器上这一装饰纹样，使我们想起出土在湖南的著名的商代青铜器虎食人卣，它的造型也表达了这种神秘的意蕴。

1986年，长沙南托三兴村大塘新石器时代遗址出土了一批陶片，这些陶片的装饰个别为彩绘，大多为刻划或戳印纹。根据有限的材料，我们知道这些刻纹一部分以鸟为主题，一部分为抽象的图案。抽象的图案，或由短直线刻划成形似歇山屋顶并带有放射线的图画，或用指甲、竹枝戳印连续花纹，以及同心圆纹，有些图案里还刻画有符号。这些纹饰，尤其"屋顶"纹、兽面纹和十字交叉纹同见于高庙遗址，它证明距今约7000年前，沅江流域和湘江流域的文化是有联系的。

南托陶器的刻纹装饰中，鸟引人注目，一件陶釜的残片，近口沿的地方戳印一鸟纹，鸟头朝上，身部已残，仅有喙、冠和眼的形状，喙锐利，眼有神。另一件陶釜的残片，腹下部拍印绳纹，上部刻划两圈纹饰，近口沿一圈为太阳图案并间隔鸟纹，鸟的形象较抽象。还有一块陶釜残片，近口沿处戳印一圈三角形与圆形夹杂的纹带，图案下刻划若干组鸟纹，鸟从正面表现出双翼，如同翱翔的海鸥。

高庙、南托遗址发现的鸟纹饰，在新石器时代是比较早的，长江下游河姆渡文化也有鸟纹饰出现[13]，甚至构图与高庙所出有些相似。但兽面纹可能是首例，它的发现对于散见在玉器、青铜器上同类纹饰的研究，是很有价值的。

江汉地区的陶器艺术缘自大溪文化，而大溪文化的陶器装饰继承了城背溪文化的传统，其种类，考古工作者按照数量的多寡以及出现的早晚，分为绳纹[14]、刻划纹、戳印纹、镂孔、弦纹、瓦棱纹、附加堆纹、锥刺纹、印纹等等。早期主要有绳纹、刻划纹、戳印纹等。中期以戳印为主，多见的纹饰是月牙形和小圆点。晚期戳印纹稍少，在陶器上镂孔则代替了戳印[15]。大溪文化中也有彩陶和朱绘陶器，但不是主流，而且纹饰多受北方仰韶文化的影响。

屈家岭文化是大溪文化的发展。这个时期虽然彩陶增多，但只是相对的，有特点的彩绘主要是陶纺轮上的纹饰，无纹饰的素面陶器占了很大一部分，除素面陶器外，早期的陶器纹饰有弦纹、镂孔、刻划纹、篮纹等，稍晚镂孔流行起来[16]。

石家河文化早期的陶器绝大多数为素面，少量的纹饰中，篮纹最多，其次为弦纹和镂孔以及附加堆纹，彩陶锐减。中期，篮纹、方格纹、绳纹有所发展，彩陶罕见。晚期仍以篮纹、方格纹为主，其他纹饰少见了，彩陶则基本不见[17]。

江汉地区原始陶器的形制，多见圈足和高柄，此地通行的刻划、戳印、镂孔、模印，大多就表现在这类器物的圈足与高柄上，宽厚的器形加以镂孔或者刻划，视觉上显得清秀劲拔。

湖南安乡汤家岗出土的数件陶盘，是大溪文化的杰出作品。一件红陶盘，敛口、矮圈足，口沿上戳印指甲纹，腹部和圈足施多道指甲纹以及竖条刻划纹和折曲纹。线条间隔均匀，工整中不乏随意性，器形虽厚重，刻划后却显得变化万千。

安乡另出两件陶盘，造形端庄大方，印纹疏密得当，表现了方正凝重的气质。其中一件白陶盘底部的纹饰，显示了它在文化人类学上的重要意义，它不仅与长江下游崧泽文化中频繁出现的八角刻纹酷似，与南托的十字纹恐怕也不无关系。有研究者认为，崧泽刻纹是太阳的象征，八角则是太阳辐射的光芒[18]。还有学者把这种纹饰看作良渚文化"阴阳结蒂绞形纹"的雏形，是中华民族哲理思维的一种高级体现[19]。总之，大溪文化，乃至于屈家岭文化、石家河文化中有些刻划纹、戳印纹、印纹等，并不是史前"艺术家"的即兴之笔，它表现了一定的文化意义。而这种八角纹饰(抑或十字纹)分别出现于长江中下游，在文化关系上究竟意味着什么，也是值得深入探讨的。大溪文化精彩的刻划纹还表现在一种器座上，纹饰十分复杂精细，图案一般由斜线、平行线、菱形格、编织纹、人字形纹组成。由于这些细密的装饰，厚重的器座具有灵巧的视觉效果。

附加堆纹的陶器并不多，但屈家岭文化的几件神器很有特色，在其他新石器文化中还没有出现过。神器于50年代初在屈家岭遗址中被发现，为上细下粗的管形，有榫口，外壁上贴有齿轮形附加堆纹三四周，高64.5厘米。在较晚的屈家岭文化遗存中，还发现一种四耳陶器，耳向四面伸出为喇叭形，中间各有一段麻花形的附加堆纹。由于没有相关的遗迹佐证，当时不能判断它的用途。1987年，屈家岭文化邓家湾遗址又发现类似器物，并见到与之相关陶器共出的情形，因而判断，这些装饰了圆球形或乳钉形以及其他附加堆纹的陶器，是相套组合并用之于祭祀的神器。考古工作者认为，管形神器是对男性生殖器官的模拟和尊崇，在祭祀时是祖先的象征[20]。

湖北石首走马岭、荆州阴湘城、天门石家河出土的圈足陶盘、双腹陶盘、高柄陶豆等，是屈家岭文化、石家河文化镂孔、戳印艺术的典范，其中一件陶豆，整器呈黄灰色，足的上半部有一圈镂空的图案，它似乎像一朵朵祥云前后衔接，周而复始，很有动感。

江汉地区的原始陶器装饰讲究直线、曲线、圆形、方形、三角形等纯视觉要素的排列与组合，除了石家河文化肖家屋脊遗址发现一件陶罐上刻划有头上插羽，手似执斧钺的人像[21]，疑为钺的陶器上有类似兽面的刻纹[22]，这个区

域的陶器装饰不见有其他具象的表现。大溪文化至石家河文化的装饰纹样，呈现出超越自然物象，或者说抽取自然物象中某些特征并加以表现的倾向。

刻纹装饰是长江中游原始艺术的一个方面，石家河文化的陶塑则是它另一重要的成就，那是一种体量虽小却分外伟大的雕塑艺术，它所表现出的聪慧以及温馨的情感，今天仍然深深地感动着我们。

陶塑艺术在各个新石器文化中都有出土，例如红山文化的裸妇像，仰韶文化的人头壶盖，河姆渡文化的陶猪，但这些均系个别现象，一处遗址，甚至一个灰坑出土成百上千个毕肖生动的陶塑，而且种类繁多，惟有石家河文化。石家河文化的陶塑在中国古代雕塑史上占有重要的地位。

石家河文化的陶塑主要出自湖北天门邓家湾，据统计，数次发掘累计达五千余个，所以有人认为，邓家湾是当时的祭祀场所，也有人认为邓家湾是石家河文化制陶的重要基地，其他地区所出陶塑均源于这里。

陶塑一般高宽在5至10厘米之间，恰似掌上玩物。种类有兽，包括狗、羊、象、貘、猴、兔等；有禽，包括鸡、鸭、猫头鹰及其他鸟类等；水生动物则有鱼和鳖等；人分箕踞、跪坐两类。其中兽类占总数的一半。陶塑质朴生动，取大势而不拘小节，求神似亦兼顾形似，例如：狗扬头顾盼，机警万分；猪肥硕敦实，憨态可掬；鳖引颈曳尾，步履蹒跚；人物看似端庄虔诚，实则在算计某个小生灵的性命，它表现了原始人类为了生存而养成的最基本的行为方式。象前伸的长鼻，既显示了这个庞然大物的力量，又强烈地表现出雕塑的力度。石家河文化的陶工特别注意表现动物躯干的扭转，以及某些动物颇有特征的瞬间姿态，这在史前雕塑中是很了不起的，它反映了制作者把握对象特征的敏锐观察力，显示了提炼对象神态的娴熟技艺。更精彩的是陶鸟竟然歇于陶狗的背上，这一虽细微但生动和谐的塑造，使后来者黯然失色。

石家河文化的陶塑有很高的艺术价值，但当时的陶工是否像今天的艺术家，把渔猎或生活中对动物形象体察入微的了解，不厌其烦地一再复制出来以便欣赏呢？这种动机值得怀疑，倘若如此，史前人就要饿肚子了。我们知道，史前艺术几乎都与宗教有关，较合理的解释是：制作这些

陶塑动物，是为了满足畜禽饲养和渔猎捕捞所获丰足的愿望，只要拥有和供奉这些陶塑小动物，并经常祈祷，这个愿望就能实现。

长江下游的新石器文化也可分为两个区域，太湖流域及杭州湾沿岸一个，江淮之间为另一个。

河姆渡文化早期的陶器盛行刻划纹，晚期出现镂孔。早期的刻划图案有几何纹样和动植物纹饰两种，这些图案大多以对称的形式，刻划在陶器的宽边沿口上，动植物纹饰有鸟、鱼、虫、花、草等。河姆渡遗址出土一件陶盆，腹部刻划的猪纹图像很有声名，猪的颈部至背部鬃毛矗立，前腿弯曲交替的动作毕肖地表现了缓缓前行的姿态，身体上刻划了稻穗或稻粒的纹饰，考古工作者认为这图案体现了家畜饲养与农业的紧密关系[23]。河姆渡文化晚期除了镂孔的陶器，也有以刻纹来装饰的，一件残损陶豆内的组合鸟纹，说明他们对艺术规律的把握已不幼稚，豆盘的中心以虚线与实线组成圆圈，从圆圈的中心向四个方向刻划出长颈鸟头，可以意会，四只鸟共有一个身体，而鸟头的长喙均朝顺时针方向，乍看像一个不断转动的风车，颇有现代平面构成的意味。

河姆渡文化的美术以刻划的形式表现对象，这些作品中，史前"艺术家"能在比例上把握得恰倒好处，镂刻得流畅自如，不过大多造型比较简略、粗率，但想象的生动与风格的质朴却超越了技能。今天，河姆渡文化的美术就在这两点上深深地感染着我们。

良渚文化的陶器艺术是太湖流域新石器文化的表率，他们装饰陶器的趣味，同样寄情于横平竖直的刻划中，与长江中游的装饰艺术比较，形式大致相似，风格却有所不同，概括说来，前者的绘画意味要浓郁一些，后者的工艺装饰要突出一些。

良渚文化陶器艺术的代表，是上海青浦县福泉山遗址及附近出土的数十件完整的陶器，它们于1979年至1987年先后被发现。

福泉山出土的陶器器形优美，如形似企鹅的黑陶盉，以及双层黑陶簋、高柄盖黑陶罐等。这些器物中有些经过精细的打磨，使表面闪烁着金属般的光泽，并且镂刻有精致的鸟和蛇的纹饰。由于装饰精良，一般认为是当时祭祀用的礼器，其中圈足豆、双鼻壶、鸟纹尊、阔把壶、鱼纹盆等，堪称上品。

一件豆的圈足上所刻划的鸟纹，似乎证明原始先民已经有了空间的认识。鸟纹有正面有侧面，正面鸟为U形，侧面鸟为人字形，根据画家的经验，飞鸟正面的形象难以表现，而飞鸟侧面的形象很有特征，易于表现。形体在纵向上的变化确实令画家挠头，为了避免这个烦恼，画家但凡动笔画鸟，常常下意识地画成侧面，这是技法的问题，更是认识的问题。其实，良渚文化的艺术家，将鸟的侧面刻划得非常精彩，但是，他们好像并不满足，为了使画面丰富，又换了一个角度，刻划出鸟的正面形象。并且，他们似乎懂得鸟的头部与身体在体积上的差别，用大小两个圆圈，显示了鸟在正面的深度。对物体纵深的认识，良渚文化的先民可谓先知先觉。

同样值得称道的是，良渚文化的"艺术家"非常善于处理画面的疏密关系，一件双鼻壶上鸟首蛇身图案的外缘，加刻了涡状地纹，细密的涡状纹使双鼻壶的装饰显得饱满、充实。而鸟首蛇身与涡状纹之间又留出间隔，既使鸟纹、蛇纹的形象突出，不致混淆在底纹中，又使画面增加了层次感。但这种间隔并不是随意处理的，另一件阔把壶上，刻划的鸟纹只有外轮廓，在细密的底上已经非常突出，显然没有以间隔相区别的必要。不同的画面用不同的方式处理，足见四千多年前陶工装饰器物的丰富经验。

良渚陶器的刻纹中，有鸟、蛇、鱼等图案，其中鸟纹占绝对多数，有些鸟纹与良渚玉器上的鸟造形一致。一个物象反复出现在这个文化中，可以证明这个物象是这个文化特别崇奉的灵物。

薛家岗文化、北阴阳营遗址的陶器，与长江中游大溪文化以及太湖、杭州湾地区的原始文化有密切的关系，它们陶器的器形与装饰或者受到外来影响，或者向外施加了影响，尤其在陶器装饰上，较之长江中下游的原始艺术，其手法与风格有许多相同之处。

长江流域新石器文化的陶器艺术小异大同。所谓小异，在器形上，中游的考古发掘常出有清秀的筒形瓶、曲腹杯，下游的遗址和墓葬里常见形态似鸟的颇有幽默感的陶盉。在纹饰上，中游虽有鸟纹和兽面纹，但以抽象的纹样居多，下游虽有抽象的纹样，但以鸟纹突出。

所谓大同，在器形上，中、下游都有发达的圈足器，圈底也较为多见，釜、罐、钵、盘、簋是它们共有的特色，在纹饰上，中、下游基本以同一种方式，即戳印、镂孔与刻划，来追求泥土潜在的美感，它体现了与黄河流域原始彩陶截然不同的艺术趣味。

地理条件造成南北原始艺术的差异

新石器时代，长江、黄河流域的原始艺术就显示出不同的特色，究其原因，自然条件的限制是第一位的，东亚大陆彩陶的地理分布，在这个问题上给我们提供了一个思索的空间。

中国境内的新石器文化几乎都有彩陶出土，但从数量上看，各个区域所出却异常悬殊。据有关资料显示，出土彩陶的遗址，东北约有19处，新疆约有18处，东南沿海约有29处，长江中下游约有39处，黄河中上游约有240处。后者的彩陶竟是前述四个地区总和的2.28倍[24]。

黄河中上游的彩陶极其丰富，不仅表现在所出遗址的数量上，还表现在单个遗址或墓地所出彩陶的数量上。换句话说，黄河中上游的新石器文化遗址都有彩陶出土，而且每个遗址或墓地所出数量还不少。以黄河上游青海柳湾墓地为例，该地1500座墓共出陶器（包括修复的）15133件，其中彩陶占三分之二以上[25]，约有4730件，而长江中游大溪文化汤家岗类型早期的1090块陶片中，仅有8片彩陶[26]。

彩绘陶器是新石器文化达到高水平的标志，也是成熟的新石器文化一个必然现象。它集中反映了制陶业以及其他社会生产的整体性进步，表明社会意识形态逐步确立并形成较为完善的系统。

人类对色彩的爱好与生俱来，进入文明时代的早期，这种爱好表现得分外强烈。历史文献以及考古材料证明，古代埃及与古代希腊的石雕，古代中国的陶俑、画像石刻，甚至铜铸雕像上都曾经有过彩绘。这一普遍现象，反映了先民们的一种心理需求。但是，长江流域史前陶器艺术，为什么以拍印、镂孔、刻划以及戳印的纹饰为主，这里的原始先民为什么缺乏这种心理需求呢？

一种艺术风格，是一个时代精神与民族气质的集中表现。一种艺术形式的取舍，除了受这两种因素的影响，很大程度上来自物质条件的限制，尤其在史前期，因原始人类对自身与自然的认识力十分低下，这种制约就显得特别深重。根据这一前提，不妨提出一个假设——长江流域的新石器文化没有发展彩陶，独钟情于镂孔、戳印与刻划，主要因颜料的匮乏所造成。

我们从长江、黄河新石器文化的比较着手来论证这一假设，寻找南北原始艺术之差异的根本原因。长江中游的大溪文化、屈家岭文化、石家河文化系列，与黄河中上游的仰韶文化、马家窑文化系列是一对可供比较的例子。其中大溪文化与仰韶文化所显示的历史事实很能说明问题。

首先，两大新石器文化系列处在相当的历史阶梯上，略有区别的是，仰韶文化比大溪文化稍早产生，马家窑文化较石家河文化稍晚结束，延续的时间稍长。这表明该原始部族拥有强大的力量，维护了联盟的稳定，保证了社会文化持续发展。而长江中游的新石器文化在相当的时间轴上，则替换了三个小异大同的文化模式，这或许是因民族结构较为复杂，文化基因比较丰富，动荡的因素常常导致社会变异的缘故。

其次，两大新石器文化系列处在大致相当的发展水平上；他们都有了原始农业，不同的是北方种粟，南方种稻。当农业的收获不够社会的需要，他们又以渔猎经济加以补充，他们开始饲养家畜，如鸡、狗、猪等，南方还养殖了水牛，北方或许养殖了黄牛[27]。发达的原始农业，带动了制陶业的进步，此时长江、黄河流域的制陶，都由慢轮发展到快轮，由露天烧制发展到陶窑烧制。除了陶器的组成和样式不同，主要区别在于北方彩陶十分发达，南方素面刻划特别兴盛。他们都有聚落的形式，都善于利用竹、木、泥土构筑房屋。区别在于，北方的房屋是半地穴式，南方的居所在地平面以上。南北埋葬死人的方式并不相同，但是都有儿童死后将其葬于瓮中，并在瓮上凿孔的风俗，他们认为这是灵魂出入的通道。南北两大新石器文化系列都发展了各种原始手工业，都出现了原始的刻划符号。

第三，两大新石器文化系列在空间上紧邻，文化交往频繁。几千年中南、北势力此消彼长的变化，在湖北郧县青龙泉遗址中有真切的反映。该遗址有上中下三层文化堆积，下层属仰韶文化，中层属屈家岭文化，上层是石家河文化。考古资料表明，这一带是南北原始文化交相切磋之处。

军事势力的消长必然带来文化的碰撞与融合，大溪文化关庙山遗址，发现了仰韶文化典型器物小口尖底瓶。有学者认为，这是与北方交换或者依据北方的样式仿造的[28]。这个时期，仰韶文化对大溪文化陶器纹饰的影响非常明显。一些器物上施红衣或者白衣，所描绘的圆点弧线纹、弧线三角纹、花瓣纹等，显然受了仰韶文化庙底沟类型的影响。甚至，湖北宜都红花套遗址的陶器上还出现一例仰韶文化大河村类型的太阳纹[29]。大约距今5000年，黄河流域的艺术风尚使长江流域的原始先民艳羡而倾倒，他们所彩绘的陶器几乎都是精致的泥质陶和蛋壳陶，表明他们对彩绘艺术是非常崇尚的。大溪文化对仰韶文化的影响也是有的，但不强劲，不深入，直到大溪文化中期以后才显示出北进的势头。到了屈家岭文化时期，南北文化的交汇区北移到了豫中一带，这时彩陶稍稍增多，或许此时颜料的供应不再那么紧俏，除了能装饰精致的蛋壳陶，还有多余的装饰到其他不甚重要的陶器上。

上述比较说明，长江中游与黄河中游的新石器文化彼此相邻，交往频繁，在陶器装饰上，前者既受到黄河文化的影响，自身也具备产生彩陶的工艺条件。

就彩陶的发展而言，仰韶文化与大溪文化有一条相似的变化线，前者的彩陶文化也是从拍印、刻印的阶段发展而来。仰韶文化的前身裴李岗遗址出土粗松的红陶，就是用简单的压印纹、刻划纹装饰的。仰韶文化半坡类型主要也是以这些形式装饰陶器，直至庙底沟类型，彩陶才真正进入繁荣期。到了仰韶文化晚期，彩陶又明显减少。大溪文化的发展在五个时期中的变化，同样可以看到彩陶由少到多，又由多到少，第五期逐渐消失的曲线。两个文化区之间若有不同，只是体现在相对量上。

相同的发展曲线说明了史前视觉艺术的规律：在没有文字的时代，天然颜料对原始先民都有吸引力，除了音乐和舞蹈，这是他们表情、表意的最好材料，只要能产生强烈的视觉效果，他们都乐意把它用在需要装饰的地方。许多原始文化，包括现仍处在原始阶段的土著那里，这种例子

是很多的，例如，东非沿岸国家的一些原始部落习用白色颜料涂绘身体，通过对比来加深加强自己皮肤的黑色[30]；大洋洲原始部落在男子进入成年时的庆祝会上，要接受红、白二色的绘身仪式。并且澳洲人时常在他袋鼠皮做的行囊里，储备有白粘土、红赭石和黄赭石等。通常他们只是限于在面颊、双肩和胸脯上涂几个点，这可能是因颜料贵重而在施行巫术时采取的节俭措施，在隆重的场合，他们就把整个身体涂画起来。若是出发打仗，则常常把自己涂成红色[31]。"红色是一切野蛮人非常喜爱的颜色"[32]，其根本的原因，一是为了取悦异性的欢心，一是作为威吓敌人的工具[33]。涂绘身体如此，装潢器物亦然。但是尽管彩绘陶器是一条必然的艺术之路，大溪文化的彩陶却从未成为主流，贯穿其始终且占绝大多数的，是刻印、戳印、镂孔等手法。这种现象一直延续到屈家岭文化以及石家河文化中。

或许，长江中游的原始先民偏爱刻划陶器，喜好单纯的风格，但另外的材料证明这一推测没有根据，事实上他们也追求悦目的色彩美感，因为色彩所显示的视觉效果，毕竟要比戳印、刻划、镂孔艳丽悦目得多。大溪文化中，一些泥质红陶都施陶衣，经过800至870度的窑火烧制，器表既光滑细腻，又呈现出淡淡的红色。而一些陶器则在窑中扣烧，使器内氧化不充分，器外充分氧化，产生外红里黑的特有风格。另外，这里少量彩陶也达到很高的工艺水平，如屈家岭文化的朱绘彩陶和蛋壳彩陶以及大量的彩绘陶纺轮等。

事实证明，长江中游的原始先民也痴迷于色彩的魅力，但是，大量的陶器为什么不利用颜料简便易行、更加强烈醒目的特性，却绕着弯儿且颇费事地去追求色彩的美感呢？文化生态学的知识告诉我们，在史前，原始先民的生产、生活极大范围、最深程度地受制于地理、气候的条件，影响艺术形式或风格的形成，其中最主要的还是自然和物质的因素。如同房龙所说：希腊盛产岩石，天朗气清，适于户外雕刻，所以产生了一流的雕刻家。荷兰五天内有三天下雨，户外雕刻无从谈起，于是绘画与音乐得到长足发展[34]。长江中游的原始先民同样逃脱不掉"适应文化"，即"一定的环境中，人类为生存，必要发展起一套相应的技术，这套技术决定了群体的结构和活动方式，而群体结构与活动方

式又决定了他们对事物的看法"[35]的法则。

大溪文化处在这样一个"一定的环境中",并且因这个环境又决定了他们的艺术方式与美学趣味:一千一百年的时间里,它有一个由西向东发展的过程,并形成三个文化类型。西边一个分布在今重庆巫山至湖北枝城的长江两岸,考古学上称关庙山类型。由此向东北发展,在汉水以北,大洪山以南形成屈家岭类型。向东南发展,在洞庭湖以北,长江以南形成汤家岗类型。将三个类型加以比较,可以看到两个现象:1.比较三个类型第一期的陶器,以关庙山类型的彩陶稍多一些。第三期彩陶发展至于鼎盛时,仍然是关庙山类型的彩陶多于其他类型。2.三个类型的彩绘一般施于精巧的薄胎饮食器,夹砂陶或烹饪器不见施彩。

据分析,史前人使用的颜料,红色为氧化铁,黑色为氧化锰,均属于无机质矿产。田野发掘所获得的资料给我们以下的启示:关庙山类型大部分处在山区,或许有一定的矿物颜料来源,所以彩陶相对发达一些;汤家岗类型处在平原,彩陶则相对不发达。这些资料还表明,就是关庙山类型的彩陶,大部分也出自三峡地区,三峡以东的平原,彩陶同样很少。生活在平原和丘陵上的原始先民,由于缺乏无机质矿产的来源,只能将有限的颜料施于精巧的器物或用于重要的葬仪中,至于其他方面只好节省了。

地理资源的限制影响了长江中游原始陶器艺术面貌的形成这样一个假设,尽管只是一个逻辑的过程,离科学的结论还有一段距离,但大概能引起我们初步的、愿意加以探讨的兴趣。然而,若要在证实的过程中得到基本的认同,则除了考古学和文化人类学的资料,还应得到地质学方面的支持。

古代黄河中上游以及长江中游部分地区的地表状况,在《山海经》中有一个粗略的描述,其中记载的矿物颜料,有赭、丹腹、青腹、丹粟等。《山海经》成书于战国至汉代,距新石器时代有两三千年之久远,但由于地质的相对稳定性,它所提供的信息对我们分析长江流域原始陶器艺术的成因,仍有重要的价值。

以丹粟与赭为例,记载出产丹粟的,《南山经》、《北山经》、《东山经》各1处,《西山经》7处,《中山经》9处。记载出产赭的,《北山经》1处,《东山经》1处,《中山经》7处。上述各经地望,按照徐旭生的说法,大多分布在今陕、甘、晋、豫四省,小部分在今鄂西北一带[36]。古文献反映出长江流域颜料资源少于黄河流域。

铁矿、锰矿在我国分布广泛,但并非所有铁、锰矿都能研磨成颜料,只需简单加工就能使用的,必须是经过风化、淋滤作用后的产物,即暴露在地表的土状赤铁矿、褐铁矿、氧化锰等。《山海经》所记载的颜料,赭与丹即属于风化、淋滤型矿物质。赭,《说文》谓:"赤土也"。色相呈红褐色。《山海经》西山一经:"灌水出焉……其中有流赭,以涂牛马无病。"郭璞认为,"牛马"或作牛角,"今人亦以朱涂牛角,云以辟恶。"矿物颜料可以涂抹,可见风化程度之甚,即使在新石器时代,这样性状的颜料原始先民使用起来也不致有什么困难。

丹,《说文》谓:"巴越之赤石也",色相呈橙红色。既称为"石",较之"土"似坚硬一些,使用起来必须经过碎矿与研磨的过程。但也有土状的,如司马相如《子虚赋》云:"其土则丹、青、赭、垩"。至于丹粟,则如郭璞注"如粟也",显然是一种较为细碎的红土。《山海经》中青腹、丹腹的性状不甚明了,赭与丹粟则大体符合风化、淋滤作用后的特征。它们最有可能被原始人类直观地认识,使用起来又十分简便。

将《山海经》与现代探矿资料相对照,即可发现两者大体是吻合的。今河北涿鹿、龙田沟、内蒙古四子王旗、乌拉特前旗、山西宁强、甘肃兰州、黑峡口等地,都分布着具有风化、淋滤特征的沉积变质锰矿和淋滤型锰矿[37],今山西晋中的寿阳铁矿也属氧化类型。广泛分布在山西、河北的山西式铁矿则是古风化形成[38]。这些矿床正好处在仰韶文化及马家窑文化的区域内。

这个推论还需要矿料分析及实地勘察的材料来最后证实,但我们已有基本的理由认为:仰韶文化、马家窑文化的彩陶得到充分的发展,皆因黄河中上游拥有丰富的无机质矿物颜料使然。仰韶文化的饮食器上基本有彩绘,不过局限在肩部以上,而马家窑文化的器物一般上下通绘,甚至许多大口径器物内以及夹砂炊器上也画满了图画,考虑到它们数千年的发展期,颜料富足的程度可见一斑。而长江中游的原始先民缺少大自然这一惠赐,江汉平原是第四纪下沉的陆凹地，从全新世开始至第三代，由长江、汉江夹带泥沙充填而成，不可能产出无机质矿料，而四周所分布的，如河南信阳、湖北嘉鱼、长阳、大冶，都是不具备风化、淋滤特征的热液型锰矿、沉积锰矿或铁山式铁矿。在这类地质条件下，彩陶的数量与质量不及黄河流域就不是奇怪的事情了。

受地理资源的限制，长江中游彩陶的发展是有限的，这里的原始部落也许像大洋洲的代厄人，曾经为获得无机质颜料而远征⑨。但这不是长久的办法，美化自己的生活还需开发自己的巧智。巫术和审美的双重动力，使这里的史前人将早期的仅具有使用功能的拍印、刻印、捏塑，发展成具有审美意义的戳印、刻划和镂孔，经过几千年的陶冶，这些样式终于成为南方原始美术的突出风格⑩。

长江上游东汉时期的陶塑

距今约四千年前后，黄河、长江流域的原始部落由蒙昧步入文明时期，中国历史开始了信史的时代。由于生产力的发展，青铜器这个文明的结晶，进入了社会的政治、经济、军事、文化等领域，与人类相伴随了数千年的陶器，则发生了根本的转变。从工艺的角度而言，它推动了原始瓷器的出现，此时生产的白陶和釉陶，就是后世瓷器的源头；从艺术的角度而言，它从此黯然失色，了无生气，由此而往后的陶器不过是青铜器皿庸俗的仿制品。陶器被铜器替代，艺术舞台上的主角转换了。

就在陶器艺术开始走向衰落之时，陶塑也所见不多，但一个令人尴尬的社会动力——奴隶社会以人殉葬，封建社会继而以俑代替活人殉葬的风习，注定了它兴盛的发展前景。人殉的陋习很早就有了，并产生了相应的制度，如"天子杀殉，众者数百，寡者数十；将军、大夫杀殉，众者数十，寡者数人。"⑪已有材料证明，商代的人殉是极其典型、十分惨烈的，它远远超过了史料的记载。但也有材料证明，以俑代替人殉的例子同时见于商代。可能这只是当时的例外，作为一种社会的变革，则晚至战国时期。由于劳动力对于促进生产发展的重要性，一些国家改用陶俑、陶马作为陪葬的方法来保全大量的生命，它有利于经济的增长，所以很快流行起来。

在俑的种类上，战国时期除了陶塑，木雕的、石刻的、金属铸造的俑也出现了。为了满足死者在虚幻的世界里继续享受人间奢华，保持显贵地位的愿望，俑像制作的题材日渐扩大，工艺日渐提高，表现能力日渐成熟，它为上古的雕塑艺术开辟了广阔的天地，同时为中华民族的雕塑艺术奠定了牢固的基石。

俑有不同的媒材，比较而言，陶质有它优长之处。例如，金属铸造与石料雕刻既费工又费时，尤其金属铸造，还要耗费大量贵重的"美金"，很不经济。而木雕和石刻在表现力方面受到很大的限制，尤其石雕，一般是团块状的，若要雕刻一尊具有强烈运动感的舞蹈俑，或者结构复杂的重楼的模型，它是难能也难好的。陶俑的塑造不会有这样一些问题，它既经济，又因陶土独具的可塑性，能应对较为广泛的题材，所以木俑、石俑、金属俑在战国时兴了一阵，延至秦汉就不多见了。

通观秦汉陶俑而举其大要，自早至晚有始皇陵、惠帝陵、文帝陵、景帝陵以及咸阳杨家湾、徐州狮子山、北洞山等西汉墓出土的陶俑。东汉有四川出土的陶俑。

西汉中期以前，陶俑的制造和使用集中在黄河流域的关中和徐州一带，随葬的俑均是兵马和侍从。西汉中晚期到东汉，社会生活发生了变化，奢华与享乐成为明器制造的主旨，很自然，陪葬陶俑的身分与种类也发生了变化，军阵俑不再复见，舞蹈俑、杂耍俑和生产、生活俑以及重楼、庄园等，逐渐成为陶塑的重要题材。并且，厚葬的风气蔓延全国，今长江、黄河流域的广阔土地上都有东汉陶俑出土，其中长江上游四川出土的陶俑最具时代特色。东汉的洛阳缺乏往日长安的气派，仅就陪葬陶俑的数量和陶塑的艺术成就而言，它让位于四川了。

虽然题材的变化是时代演进的结果，由于制作主体和服务对象不同，南北陶俑的审美趣味仍然有差异。北方兵马俑和侍从俑以千人一律的造型，肃穆而刻板的神情，造成庄严宏大的次序感。它泯灭了个性，是王权威仪的折射。这些陶俑主要出自官府作坊的专业艺人之手，故工艺熟练，技法统一，风格严谨。逮至东汉，中原的陶俑仍可见到这些影响。然而四川既不是政治文化的中心，陶俑的塑造则鲜有政治的色彩，同时也没有官府作坊之戒律的约束。在时代的要求下，陶俑制造取材于生产和生活便得心应手。民间的陶工迸发了艺术的激情，在他们手中，泥胎陶塑蕴藉了人情，飘荡着生活的炊烟，洋溢着活泼清新的气息。

四川的陶俑有提壶、持板、持帚、庖厨、执箕、执锸、杵舂、喂奶、说唱、歌舞乐等等形象，由于陶质夹砂，经过几千年的瘗埋，面容已显得朦胧，但陶俑脸上那种发自内心的笑容仍清晰可见。粲然的陶俑在中原是很少见的，它侧面反映了长江上游东汉时期社会生活健康向上的勃勃生机。

四川陶俑的造形，身躯粗短，头大而身小，这种看似比例失调，实则诙谐幽默的效果，是由于民间陶工的技艺欠佳，还是他们刻意夸张所造成？今天不得而知，但是我们欣赏陶俑所生发的欣然的情绪，恰是来自它那古拙的趣味。

四川的陶俑多歌舞乐俑和说唱俑，与中原东汉的陶俑多杂耍百戏明显不同，其中说唱俑最有艺术价值，1957年成都出土的一件，以及四川新都出土的一件，是东汉陶塑的杰出代表，它们在中国雕塑史上具有很高的地位。

注释：
① 中国古代有女娲造人的记载，希腊神话中也有普罗米修斯用泥土造出第一个人的传说。毛利人、印第安人，以及古代埃及、巴比伦都有神用土壤造人的故事。《圣经》则更加具体，说造人的神是耶和华，所造的第一个人是亚当。
② 《山海经·海内经》："洪水滔天，鲧窃帝之息壤以湮洪水，不待帝命。"郭璞注："息壤者言土自长自息无限，故可以塞洪水也。"
③ 参见李辉炳：《论瓷器的起源及陶与瓷的关系》，《中国古陶瓷论文集》，文物出版社1982年版。
④ 《中国大百科全书·考古卷》，中国大百科全书出版社1986年版，第713页。
⑤ 参见徐旭生：《中国古史的传说时代》第二章，文物出版社1985年版。
⑥ 长江上游的云南滇池、四川盆地及金沙江上游均发现新石器文化遗址，并自成体系，但考古发现的材料有限，难以在美术史上作全面系统的描述及阐释。
⑦ 参见湖南省文物考古研究所：《湖南黔阳高庙遗址发掘简报》，《文物》2000年第4期。
⑧ 参见《肖家屋脊》（天门石家河考古发掘报告之一）代序，文物出版社1999年版。
⑨ 参见陆建方：《良渚文化墓葬研究》，《东方文明之光——

良渚文化发现60周年纪念文集》，海南国际新闻出版中心1996年版。
⑩ 李学勤：《良渚文化的多字陶文》，《吴地文化一万年》，中华书局1994年版。
⑪ 《新中国的考古发现和研究》，文物出版社1984年版，第155页。
⑫ 参见《湖南黔阳高庙遗址发掘简报》。
⑬ 即牙雕《双凤朝阳》。
⑭ 陶器上的绳纹是各个新石器文化共有的现象，一般出现在早期，它受编织的影响而来，其媒介，一是用缠有绳索的木板拍印到陶器上的，一是在附有绳索的模子里遗留的。有绳纹的陶器便于把持，同时也有一定的审美意义。
⑮ 参见张绪球：《长江中游新石器时代文化概论》，湖北科学技术出版社1992年版，第84—88页。
⑯ 《长江中游新石器时代文化概论》，第194—195页。
⑰ 《长江中游新石器时代文化概论》，第270—273页。
⑱ 钱代赳：《良渚文化的刻划符号及文字初论》，《东方文明之光——良渚文化发现60周年纪念文集》。
⑲ 董欣宾等：《赵陵山族徽在民族思维发展史上的重要意义》，载《东方文明之光——良渚文化发现60周年纪念文集》。
⑳ 见《长江中游新石器时代文化概论》，第224—229页。
㉑ 见《肖家屋脊》（天门石家河考古发掘报告之一）文物出版社1999年版161页。
㉒ 《新中国的考古发现和研究》，第136页。
㉓ 《新中国的考古发现和研究》，第146页。
㉔ 张朋川：《中国彩陶图谱》，文物出版社1990年版，第631—639页。
㉕ 陈绶祥、钱志强：《彩陶》，《美术史论》1988年第1期。
㉖ 《长江中游新石器时代文化概论》，第97页。
㉗ 《新中国的考古发现和研究》，第194页。
㉘ 王杰、田富强：《论大溪文化与其它原始文化的关系》，《江汉考古》1989年第2期；任式楠《长江黄河中下游新石器文化交流》，《庆祝苏秉琦考古五十五年论文集》，文物出版社1989年版。
㉙ 《长江中游新石器时代文化概论》，第171页。
㉚ 普列汉诺夫：《论艺术》，三联书店1964年版，第111页。
㉛ 格罗塞：《艺术的起源》，商务印书馆1984年版，第43—44页。
㉜ 《论艺术》，第145页。
㉝ 《艺术的起源》，第80—81页。
㉞ 房龙：《人类的艺术》，中国和平出版社1996年版，第3页。
㉟ 俞伟超：《考古学是什么》，中国社会科学出版社1996年版，第173页。
㊱ 《中国古史的传说时代》，第292页。
㊲ 《中国锰矿地质文集》，地质出版社1985年版，第3页。
㊳ 《地质辞典》第四册，地质出版社1986年版，第56页。
㊴ 《艺术的起源》，第48页。
㊵ 邵学海：《论上古彩陶装饰与塑陶装饰的形成》，《江汉论坛》1993年第7期。
㊶ 《墨子·节葬篇》。

折波纹小口壶

新石器时代（城背溪文化）
通高14.4、口径6厘米
1985年湖北秭归朝天嘴出土
湖北省宜昌市博物馆藏

　　泥质红褐陶。器表颜色不均匀。小直口，短颈，溜肩，深腹微鼓，凹底。肩部刻划一道波折纹。颈下部两侧各有两个圆形小镂孔。

猪纹方钵

新石器时代（河姆渡文化）
底宽17.5、口宽21.7、通高11.7厘米
1977年浙江余姚河姆渡遗址出土
浙江省博物馆藏

　　夹炭黑陶。圆角，平底。器外壁两侧各刻划一只猪纹，长嘴，长腿，腹稍下垂，鬃毛竖起，猪腹部另刻有许多纹饰。

猪纹方钵局部纹饰

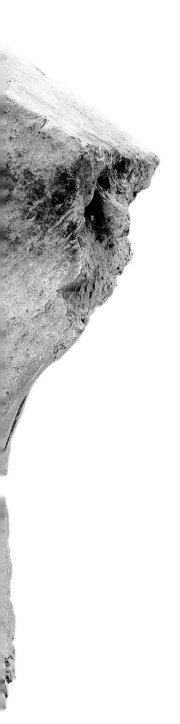

五叶纹陶片

新石器时代（河姆渡文化）
残宽18、高19.5厘米
1977年浙江余姚河姆渡遗址出土
浙江省博物馆藏

　　夹砂灰陶。造型厚重，形似马鞍，所刻花纹保存完整。在一方形框上，阴刻有五叶组成的栽培植物，其中一叶居中直立向上，另四叶对称分布于两侧。酷似花卉盆景。

鸟纹陶片

新石器时代（河姆渡文化）
宽9、高15厘米
1973年浙江余姚河姆渡遗址出土
浙江省博物馆藏

　　陶片上部刻有太阳纹，下部刻
一鸟纹，鸟从正面表现出双翼，如
同翱翔的海鸥，这种构图与高庙所
出有些相似。同墓葬出土的还有一
些器物上也刻有凤鸟纹、双头连体
鸟纹、双鸟朝阳图等。

鱼塑（残）

新石器时代（河姆渡文化）
长4.3、直径2厘米
1977年浙江余姚河姆渡遗址出土
浙江省博物馆藏

　　鱼大头，睁眼，张嘴，腹下
塑两鳍撑地，周身阴刻大小相等
的圆圈纹。造型浑朴可爱，惜已
残损。

十八角沿花瓣刻纹陶釜

新石器时代（河姆渡文化）
高22.8、口径23.8厘米
1973年浙江余姚河姆渡遗址出土
浙江省博物馆藏

　　出土于河姆渡遗址第四层。釜是第四层惟一的炊器。器形特别，敛口，口缘呈内凹的十八角，器腹上端有一道突脊，脊以上内收形成斜肩，肩以上是粗壮的颈，颈与肩，肩与腹的交接处有明显的折角。下半部作深圜底，腹壁向下收缩的弧度较小。口沿以短线、斜线组成花瓣纹，腹部和底部拍印绳纹。

浮雕羊塑陶片

新石器时代（河姆渡文化）
长17、宽12.5、厚2.5—4.5厘米
1977年浙江余姚河姆渡遗址出土
浙江省博物馆藏

残陶块右下角处堆剔一只作奔
跑状的羊，长嘴微张，前肢高抬，
短尾上翘。

鸟纹刻划豆

新石器时代（河姆渡文化）
豆盘直径25.8厘米
1977年浙江余姚河姆渡遗址出土
浙江省博物馆藏

　　豆柄已残，仅剩豆盘，豆盘内壁刻划有一由鸟组合的图案。内壁中心刻划长短不等的实线和虚线边接圆圈，从圆心部位，分别等距离地向四个方向刻划出四个鸟头，鸟头也是用实线和虚线镂刻，长喙、大头。四鸟头都朝顺时针方向，无一例外。

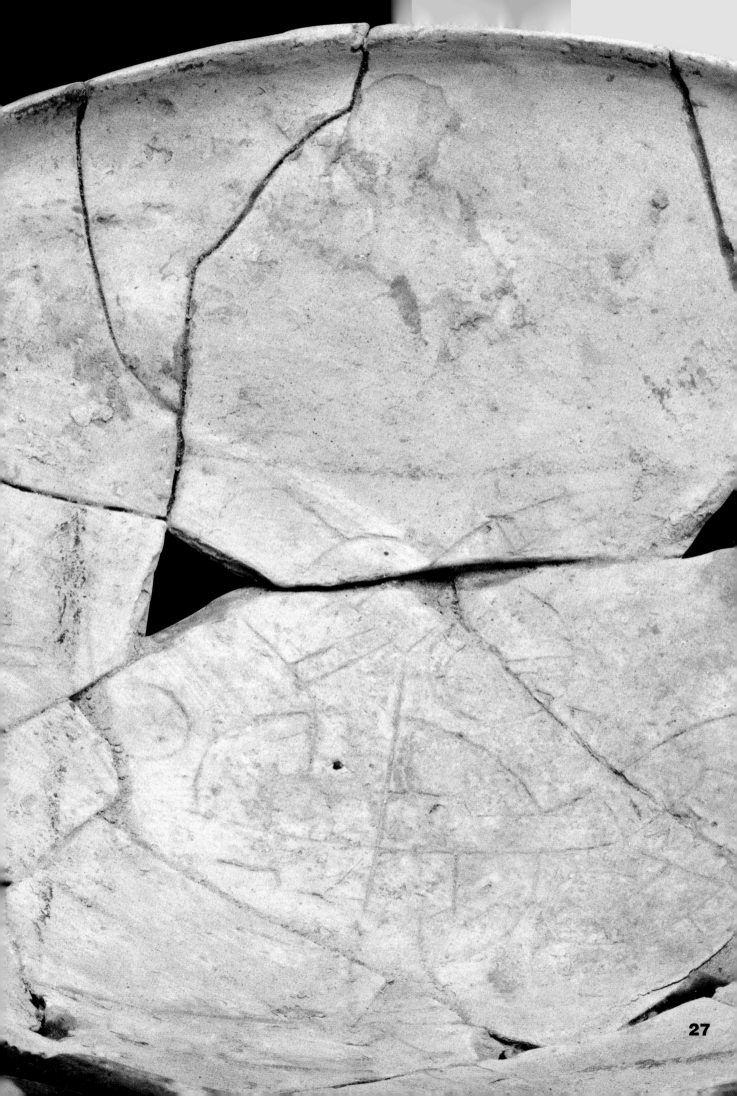

鱼纹陶片

新石器时代
径9.5厘米
1985年安徽蚌埠双墩出土
安徽省博物馆藏

双墩是一个有独特文化内涵的新石器文化遗址，所出陶片大多有刻划纹案，主要有动物、植物、单体符号、组合符号四类，其中鱼、猪等纹饰为多。

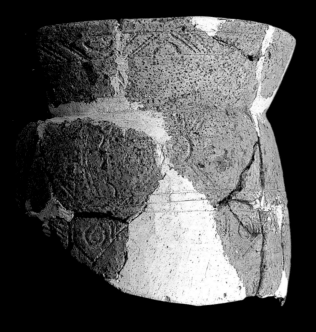
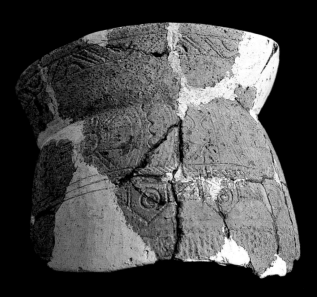

刻划太阳纹釜残片

新石器时代（南托遗址）
高12.4、腹径14厘米
1986年湖南长沙县南托出土
湖南省长沙市博物馆藏

　　釜残，仅剩部分釜壁残片。釜壁外刻划有太阳纹，由同心圆组成，外有齿轮状图案。在南托遗址的遗物中，太阳纹常与鸟纹组合在一起。

压印纹陶碗残片

新石器时代（南托遗址）
宽12.3、高6.4厘米
1986年湖南长沙县南托出土
湖南省长沙市博物馆藏

　　碗壁压印有十字交叉纹，这种纹饰也
见于湘西的黔阳高庙遗址。高庙遗址发现
的陶器纹饰多为戳印、刻纹，南托陶片的
纹饰亦多为刻纹或戳印纹，两地装饰纹样
的一致之处，说明距今7000年前，沅江流
域和湘江流域的文化是有联系的。

叶状纹陶釜残片

新石器时代（南托遗址）
宽11、高7.9厘米
1986年湖南长沙县南托出土
湖南省长沙市博物馆藏

　　所谓叶状纹，实际更接近一个
抽象的符号，南托遗址中的陶片刻
纹大致分为两类：一类是以鸟为主
题，一类则是这种抽象图案，或用
短直线刻划而成，或用指甲、竹根
戳印而成。

刻划"建筑"纹钵残片

新石器时代（南托遗址）
宽7.2、高6厘米
1986年湖南长沙县南托出土
湖南省长沙市博物馆藏

　　亦属于抽象图案一类，由短直线刻划成似歇山屋顶，并带有放射线的图画，这种"屋顶"纹也见于湘西黔阳的高庙遗址中。

刻划兽牙纹碗底

新石器时代（南托遗址）
径8.1厘米
1986年湖南长沙县南托出土
湖南省长沙市博物馆藏

　　若称兽面，就不确切。因为虽象征兽面，却不状物，也不完整，与同墓出土的凤鸟纹造型相比，它只是一个抽象的符号，其狞厉的意义是由巨大的獠牙所昭示的，故应称兽牙纹。兽牙纹一般有两种类型，一种为两只獠牙，一种为上下四只獠牙，有的还带有翅膀。

刻划水波纹碗

新石器时代（南托遗址）
高6.3、口径14.5厘米
1986年湖南长沙县南托出土
湖南省长沙市博物馆藏

　　侈口，束颈，微鼓腹，高圈足。腹壁刻划有波浪状的水纹，图案较为工整。从刻印的痕迹推测，当时使用的工具可能是薄竹片。

彩绘鸟纹罐残片

新石器时代（南托遗址）
高9.2厘米
1986年湖南长沙县南托出土
湖南省长沙市博物馆藏

　　高颈、鼓腹、双系，残存以一系为中心的腹上部至口沿部分的一小半。陶质灰黄，火候不高，外施白衣，以褐色彩绘。颈部饰建筑门窗式图案、太阳光芒射线纹、三角形锯齿纹和水波纹；系部绘一四出花瓣，花瓣四周连接一个不规则带斜线纹的方框，系下的腹部绘一长尾鸟，鸟的身、爪部分已残，仅存头、尾，鸟前后各有一树冠形图案。史前时期的鸟纹饰在长江流域、黄河流域均有发现，并且数量不少。

镂孔器座

新石器时代（大溪文化）
高25.2、口径22.7厘米
1977年湖北房县七里河出土
湖北省博物馆藏

　　夹砂陶。器座由上下两组卷云纹前后连接而构成镂空的腹壁。

彩绘陶器座

新石器时代（大溪文化）
高9.6厘米
1974年湖北松滋桂花树出土
湖北省荆州市博物馆藏

　　外施红衣、黑彩两组相互连接的
绳索纹，惜背面一组已部分脱落。

鸟形陶器盖

新石器时代（大溪文化）
高13.5厘米
1974年湖北松滋桂花树出土
湖北省荆州市博物馆藏

　　盖柄细长，柄端塑一鸟
形钮，尖喙，睁眼，翘尾。

彩陶圈足盆

新石器时代（大溪文化）
通高13.8、口径21.5厘米
1984年宜昌伍相庙出土
湖北省宜昌市博物馆藏

　　外施红陶衣，敞口，弧沿，圆
口，肩较宽，圆鼓腹，矮圈足。腹
壁有一圈戳印纹。

镂孔刻纹器座

新石器时代（大溪文化）
通高18厘米
1986年宜昌中堡岛出土
湖北省宜昌市博物馆藏

　　夹细砂红褐陶。作喇叭形，侈口。上部以四条凹弦纹分成四层，各层均布圆形或长条形的镂孔，下部饰曲折划纹。

镂孔三联杯

新石器时代（大溪文化）
通高6.2、底径21.5、杯径5.8厘米
1993年湖北宜昌杨家湾出土
湖北省文物考古研究所藏

新石器时代（大溪文化）
通高6.2、底径21.5、杯径5.8厘米
1993年湖北宜昌杨家湾出土
湖北省文物考古研究所藏

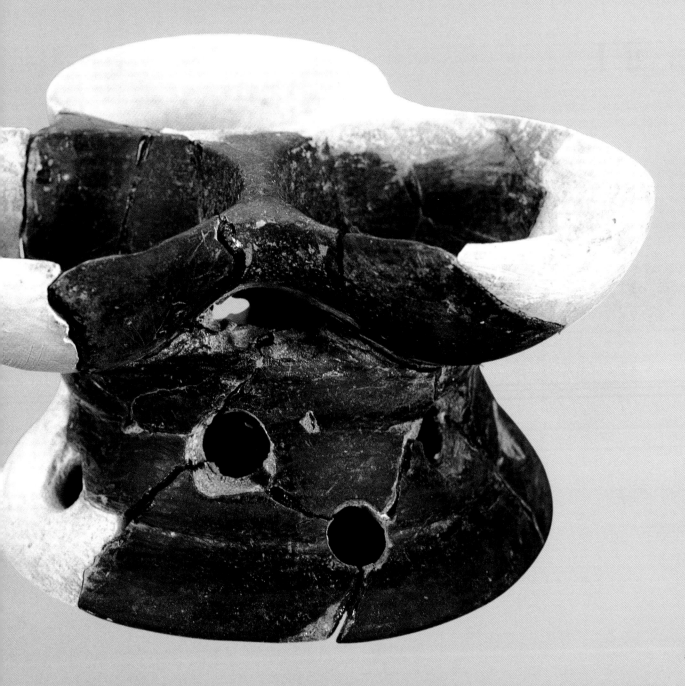

印纹白陶盘

新石器时代（大溪文化）
通高7.5、口径18.5厘米
1978年湖南安乡汤家岗出土
湖南省博物馆藏

　　泥质白陶。敛口，圆唇，圈足外撇。口沿戳印
一圆圈纹，腹部戳印X纹、圆圈纹和三角纹。圈足
上印S纹。圆圈纹、S纹和X纹，单个之间排列紧凑，
相联成环，位置规整，但间有断隔，成若干组，
各组数目不等。三角纹绕腹一周，其阴纹部分由
不甚规整的小方格组成，似是浑然一体。底部印
八角图案，极其对称严整，应由整模印出，圈足
内壁印S纹。整器纹饰精致新颖，各组图案花纹之
间绝无重叠或上下错位、距离不匀等现象，说明
当时的制陶技术已达到相当高的水平。

彩陶碗

新石器时代（大溪文化）
通高8.5、口径11、底径6.4厘米
1979年湖北天门谭家岭遗址出土
湖北省荆州市博物馆藏

　　泥质红陶。薄胎，斜弧腹。左边一只
碗腹外壁以两条带点直线纹将图案分成
三组。上下两组均为由两个半圆形组成
的椭圆形纹，中间的纹饰则是以三条直
线和三条横线拼合而成。右边一只腹外
壁图案与左边的类似，另在碗底饰有颇
具运动感的四分直线纹，并有螺旋的拉
坯指印，纹饰已相当规整成熟。

彩陶瓶

新石器时代（大溪文化）
高17、口径7.5厘米
1975年四川巫山大溪出土
四川省博物馆藏

　　细泥红陶。磨光后施红衣绘黑彩。卷圆唇，器身高筒形，束腰，平底。上部绘平行线和绳索纹。

红陶空心球

新石器时代（大溪文化）
1959年四川巫山大溪出土
四川省博物馆藏

　　球体较圆，球面有洞，以洞为中心饰有发散状的浅篦点纹，组成几何形图案。空心球内可能装有小石子，摇之有声响。

红陶双联陶罐

新石器时代（大汶口文化）
高18、宽24厘米
1983年江苏句容沈头山出土
南京博物院藏

　　红陶。两陶罐，由一鸟形物连接，
陶罐侈口，圆鼓腹，下有支柱支撑。

宽带纹彩陶鼎

新石器时代（大汶口文化）
高18、宽24厘米
1983年江苏句容沈头山出土
南京博物院藏

　　敛口，束颈，鼓腹，圜底，三扁足。鼎口沿及腹部各彩绘一周宽带纹，装饰风格渐趋简朴，应为大汶口文化中晚期遗物。

彩陶揹壶

新石器时代（大汶口文化）
高30、口径8.2厘米
1982—1987年上海青浦福泉山出土
上海博物馆藏

　　形态高大丰满，纹饰规整华美，揹壶器表以
淡黄色作底，颈部绘一周红色的宽带纹，四周
绘平行弦纹，器身绘旋涡纹。彩陶在长江下游
出土较少，这是一件难得的珍品。

剔刺纹镂孔足豆

新石器时代（崧泽文化）
高14.2、口径22.9厘米
1961—1962年上海青浦崧泽出土
上海博物馆藏

　　豆一般上部是盘，下部是圈足，这件陶豆豆盘呈盆形。喇叭形圈足上饰凹弦纹和三角形剔刺纹，并间夹圆形、三角形镂孔。

盂形器

新石器时代（屈家岭文化）
口径7.7、通高11厘米
1986年湖北宜昌杨家湾出土
湖北省文物考古研究所藏

彩陶筒形瓶

新石器时代（屈家岭文化）
高23.2厘米
1974年湖北松滋桂花树出土
湖北省荆州市博物馆藏

　　圆唇，口径小于底径。全身
红衣，绘黑彩，彩分三层，上下
两层均为波浪纹，每层五组；中
层为变体回纹，共四组。

彩陶纺轮

新石器时代（屈家岭文化）
直径3.3—4.4厘米
1956年湖北天门邓家湾出土
湖北省博物馆藏

　　彩陶纺轮纹饰纷繁，有的以四组直线彩纹横竖相斗排列成形，这种彩绘纹饰最为普遍。有的以十根粗直线为一组，四组直线四等分相互垂直排列，边壁上部施红色彩带一周；有的各以三根长弧线为一组，首端横竖相套聚于中孔，以同一方向平行蜷延至首尾重合，周边上部饰红色宽彩带。

彩陶纺轮

新石器时代（屈家岭文化）
直径3.0—3.9厘米
1956年湖北京山屈家岭出土
湖北省博物馆藏

　　彩纹以直线、弧线、曲线、卵点和彩点等五种基本元素构成。有的以六根微弧线为一组，四组横竖相对，周边满饰红色陶衣；有的呈对角分布，两个角形彩面夹以两组相对的角形彩点，每组各以五个竖向排列的卵点为一边，周边饰红色宽带；有的饰三条鱼形彩带，一端聚于中孔，一端延伸至边缘，周边上部亦饰红色窄彩带。

镂孔双腹豆

新石器时代（屈家岭文化）
通高23厘米
1991年湖北石首走马岭出土
湖北省荆州市博物馆藏

　　泥质灰陶。盘口，圜底，深腹双
层；高圈足，上饰不规则镂空圆圈或
条形孔，足底起台呈环带状。

镂孔双腹豆

新石器时代（屈家岭文化）
口径13×19厘米
1991年湖北石首走马岭出土
湖北省荆州市博物馆藏

　　泥质灰陶。器呈双层、深腹、斜弧壁状，中部起棱为一道凸弦纹，敞口，尖唇，足部饰三组镂空圆点纹。高圈足，外侈起台呈环带状。

镂孔豆

新石器时代（屈家岭文化）
口径20、高22.4厘米
1995年湖北荆州市阴湘城出土
湖北省荆州市博物馆藏

　　泥质磨光黑陶。外折沿，敞口，浅
腹，圆底，高圈足。足部外撇，边呈凸
环带状。圈足上满饰圆形、弧边菱形和
弓形镂孔。

镂孔圈足杯及盖

新石器时代（屈家岭文化）
通高25.2厘米
1991年湖北石首走马岭出土
湖北省荆州市博物馆藏

　　泥质黑陶。宽折沿，深腹，腹中部内收，有两道凹弦纹；高圈足。圈足上饰镂空大小条形、圆圈孔相间，足底起台呈环带状。该器从器型上打破了过去直口、短圈足的模式。

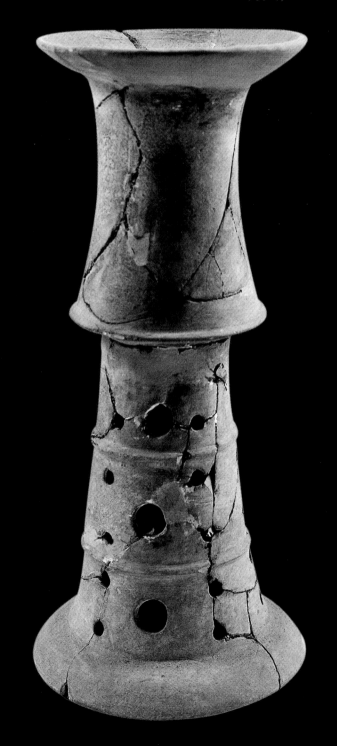

袋足陶鬶

新石器时代（屈家岭文化）
高17厘米
1991年湖北石首走马岭出土
湖北省荆州市博物馆藏

　　泥质红陶。短颈，宽把，足为尖
锥形肥大袋足。从器物外形看，它有
与黄河流域陶鬶相似的袋足，可是它
的嘴部却与陶鬶的喙状流有明显的不
同。

筒形器

新石器时代
通高157、底径31厘米
1988年湖北天门石家河出土
湖北省荆州市博物馆藏

　　泥质红陶。分上、下两部分，子母口套
接合成。上部上端是细长的管子，封口，中
间为圆球形，饰长乳钉；下端呈短筒状，饰
多道附加堆纹；下部分为一段粗管形器，上
饰多道附加堆纹。有的学者认为这种器物是
"祖"的象征。筒形器的每一部分，在本图
版中是分开放置的。

镂孔豆

新石器时代（屈家岭文化）
高23厘米
1995年湖北荆州阴湘城出土
湖北省荆州市博物馆藏

外折沿，敞口，浅腹，圈底，高圈足。圈足上满饰规整的菱形镂孔。

瓦楞纹刻划符号壶

新石器时代（崧泽文化）
高19.2、口径7.6厘米
1961—1962年上海青浦崧泽出土
上海博物馆藏

　　侈口，沿稍卷，斜直颈，球腹，平底削成矮圈足状。器身自肩至底满饰瓦楞纹，特别引人注意的是，圈足内压画一"八角"或称"十字"形符号，这种符号在长江中下游的原始文化中很流行。

彩绘陶杯

新石器时代（良渚文化）
高9.4、口径6.6厘米
1977年江苏吴县张陵山出土
南京博物院藏

　　泥质红陶加彩。圆筒形，
口微敞，凹底，底部边缘为
葵瓣形。表面饰二至三组复
道弦纹，加饰红黄相间的宽带
彩绘。

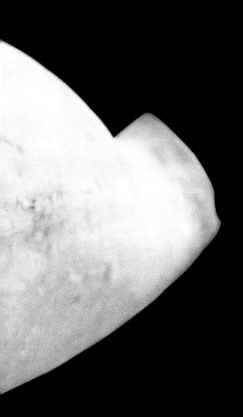

豚形陶壶

新石器时代（良渚文化）
长32.4、高11.7厘米
1960年江苏吴县梅堰出土
南京博物院藏

　　壶为水鸟状，嘴尖扁，目浑圆，并刻以细线以为睛，侧颈顾盼，十分生动。头上有一长条扁平状物，眼窝处有琢出的点状装饰，尾部微上翘，腹下除了双足，后还有一宽扁足支撑器体。

镂孔兽形器

新石器时代（良渚文化）
长21、高10.5厘米
1973年江苏吴县草鞋山出土
南京博物院藏

　　器物作兽形，弇口，四足，背部平滑。腹侧镂有不规则的三角形、圆形等几何图案。关于此物用途，众说纷纭，尚无定论。

刻纹镂孔壶形器

新石器时代（良渚文化）
高18.5、长6.7厘米
1973年江苏吴县草鞋山出土
南京博物院藏

　　泥质灰陶。作壶形，直颈，微鼓腹。颈部遍饰交叉直刻划线，并镂有花形孔。

88

袋足陶鬶

新石器时代（良渚文化）
高24、口径约7.5厘米
1982年江苏武进寺墩出土
南京博物院藏

　　小口，口边两侧内凹，前端成流,颈粗而矮，颈下三袋足。后面一袋足上端安一宽扁的器把，前面两袋足较直，足上端有堆纹一道。

红陶袋足鬶

新石器时代（良渚文化）
高23.5厘米
上海金山亭林出土
上海博物馆藏

　　陶鬶由三个丰满的袋足组成，足背上加一宽扁的把手，对应一边的上部有流，而流的中部又捏紧，可控制倒酒时的流量。全器呈浅橙色。

黑陶椭圆形豆

新石器时代（良渚文化）
高23.1、口径12.6×16.6厘米
1982—1987年上海青浦福泉山出土
上海博物馆藏

　　我国古代的豆大部作圆形，惟有良渚文化出现了椭圆形盘豆。豆柄细长，施多道凸棱纹。

91

鸟蛇纹高圈足豆

新石器时代（良渚文化）
高18.8、口径17.7厘米
1982—1987年上海青浦福泉山出土
上海博物馆藏

　　豆敞口折腹，高圈足，器身上下以及盘内镂刻了十分精细的纹饰，其主题为鸟与蛇。图案以三只或四只鸟构成一个单元，一个单元内，两边是两只侧面相向的飞鸟，中间又有一只或两只正面展翅的飞鸟。无论正面或侧面的飞鸟，其造型已经程式化、符号化，蛇纹则螺旋盘绕并与鸟纹相间，蛇身与鸟身都填刻了云纹和短直线。

93

云雷纹双鼻壶

新石器时代（良渚文化）
高13.7、口径7.4厘米
上海青浦寺前村出土
上海博物馆藏

　　壶呈蓝灰色，长颈、扁圆腹，矮圈足，口旁附两小鼻，模样浑圆厚重。陶壶颈部以上刻满了图案，小鼻下端各饰一云雷纹，颈上部是两周以三道弦纹间隔的折曲纹，其下满饰圆涡纹。

鸟首蛇身纹双鼻壶

新石器时代（良渚文化）
高16.2、口径9厘米
1982—1987年上海青浦福泉山出土
上海博物馆藏

　　双鼻壶表面刻满了细密的纹饰，器口外沿和圈足上下部各饰多道弦纹，口沿弦纹间又装饰了曲折纹。颈腹、圈足上布满了鸟首蛇身曲折翻转的图案。为了使之突出，还在间隙内加刻了细密的涡状纹。考古工作者认为，这件纹饰布局周密、刻工纤细流畅的双鼻壶，是一件祭祀用的礼器，而非生活用具。

黑陶带盖大壶

新石器时代（良渚文化）
高27.2、口径13.4厘米
1982—1987年上海青浦福泉山出土
上海博物馆藏

　　与双鼻壶相比，此壶有一个带
捉手的盖，使器物的整体形态多了
些变化。

阔把壶局部纹饰

鸟纹阔把壶

新石器时代（良渚文化）
高15、腹径9.5厘米
1982—1987年上海青浦福泉山出土
上海博物馆藏

　　壶的大小、造型，大致类似现代的茶缸。上为粗颈，下为圈足，壶口前伸为宽流，阔把半圆形夸张地后翘，与流形成呼应。壶身浑圆，经过打磨后，乌黑光亮，其上还刻满了花纹，流部有一只正面展翅的飞鸟，腹部有数个似鸟的图象，鸟身填刻纵横相对的平行短线与云纹。其余均是细如发丝的折线地纹。

带盖阔把壶

新石器时代（良渚文化）
高19.5、腹径8厘米
1982—1987年上海青浦福泉山出土
上海博物馆藏

　　此壶矮粗颈，宽流上翘，扁阔
把手，造型奇特，形态略似仰首的
企鹅。

鸟纹尊

新石器时代（良渚文化）
高16.9、口径9.8厘米
1982—1987年上海青浦西漾出土
上海博物馆藏

　　尊腹刻划有4种形态各异的鸟纹，一只既似鸵鸟，又似白鹤，拱背前倾，作疾走状。一只小鸟似在栖息。此二鸟间又有两只正面飞翔的大鸟。鸟纹在良渚文化玉器和陶器上经常出现，表明它是长江下游原始部落的灵物。

鱼纹盆

新石器时代（良渚文化）
口径17厘米
1982—1987年上海青浦西漾出土
上海博物馆藏

　　所谓盆其实如现代的菜碗，但颇费装饰之工。盆口沿外四个宽鋬上各饰三条首尾相接的鱼纹，盆底圈足上的线纹则有九条，也首尾相接。圈足内以弧线四等分，各饰水波纹，犹如鱼儿在水中畅游的痕迹。

高柄盖镂孔圈足罐

新石器时代（良渚文化）
高21.8、口径7.6厘米
1982—1987年上海青浦西漾出土
上海博物馆藏

就造型而言，所出的新石器时代陶罐中，这一件是罕见的。罐盖上一细长的柄，中段内弧成束腰形，下部为喇叭形，上饰三道凸弦纹。罐身为扁圆腹，高圈足，圈足上镂刻三组由三角形与叶形孔洞构成的图案。器表曾经打磨，显得漆黑光亮，其上还残留了数条红色宽带纹的痕迹。

高柄盖镂孔圈足罐

菱形纹红陶缸

新石器时代（良渚文化）
高40.4、口径33.4厘米
1982—1987年上海青浦西漾出土
上海博物馆藏

此类器物常常出自良渚文化大
墓的北侧，可能是祭祀用器。缸
表粗糙，但六周凸起的菱形纹却
不多见。

黑陶细刻鸟首蛇身纹陶片

新石器时代（良渚文化）
上海金山亭林出土
上海博物馆藏

　　此陶片似器物的沿口，其上描绘了鸟首蛇身的图案，与其他器物上相同纹饰比较，除了鸟头，蛇身上还多了许多鸟头。沿口一圈刻划了连续的纹饰，但形象不甚明确，可能表现的是鸟飞翔时的姿态。

滤酒器

新石器时代（良渚文化）
高16.8、嘴口径7、器身口径11.6、圈足径9.2厘米
1981年浙江余杭吴家埠遗址出土
浙江省文物考古研究所藏

　　器形特殊，从出土时的原状分析，应是盖、
过滤钵和过滤器三件配套。全为黑皮陶制作，
出土时盖和过滤钵在过滤器的高嘴口上，盖为
半球形，子母扣，过滤钵为圜底，底中有一小
孔，因是明器，底部小孔仅起象征作用。过滤
器造型尤为奇特罕见，器身为敛口弧腹加大圈
足的钵形容器，口沿的一侧直接安置一只冲天
高嘴，嘴口外敞，如朝天喇叭，下端扁圆，与
钵形容器相通，嘴壁上有三周瓦楞形的凸棱，
器表有朱红色彩绘，惜剥蚀较严重。

凸棱镂孔豆

新石器时代（良渚文化）
高18.5、口径17.5厘米
1981年浙江余杭吴家埠出土
浙江省文物考古研究所藏

　　黑皮陶，弧敛口，斜弧
腹的浅钵形豆盘加高喇叭形
圈足。圈足上有四道凸棱，
间有小圆镂孔。

宽把杯

新石器时代（良渚文化）
高8.8厘米
1980年浙江平湖出土
浙江省文物考古研究所藏

　　泥质灰陶。素面。瘦高器
形，束颈，直腹微鼓，矮圈
足，口部有长宽形流，器身
有阔把。

高圈足弦纹镂孔豆

新石器时代（薛家岗文化）
高22.6、口径19.2厘米
1980年安徽潜山薛家岗出土
安徽省文物考古研究所藏

　　灰色陶。口微外撇，折壁，粗高
柄，喇叭形圈足，足下再加圆圈一周，
盘与圈足大小略相等。柄饰凹弦纹三
组，间饰等距离对椭圆孔三个，圆孔
两侧各饰三角形孔一个。

高圈足镂孔豆

新石器时代（薛家岗文化）
高10.6、口径14.4厘米
1980年安徽潜山薛家岗出土
安徽省文物考古研究所藏

　　泥质黑陶。盒形盘，敛口，直壁，粗矮柄，喇叭形圈足。盘壁下饰宽带纹一周，柄上部饰凹弦纹三周，中间饰等距离圆孔四组，每组平行二个，柄上部饰双线绳索纹一周，中间饰等距离圆孔十一个，上下饰三角形纹。

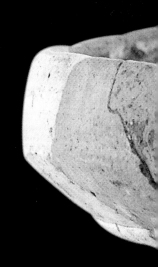

刻划纹陶壶

新石器时代（薛家岗文化）
高14.4、口径10.4厘米
1980年安徽潜山薛家岗出土
安徽省文物考古研究所藏

　　泥质黑陶。高颈，折腹，矮圈足。颈
饰凸弦纹一周，肩上部饰凸弦纹三周，
中间饰刻划弧线一周，腋下部饰凸弦纹
六周。

刻划纹陶壶

新石器时代（薛家岗文化）
高9.2、口径7厘米
1982年安徽潜山薛家岗出土
安徽省文物考古研究所藏

　　泥质黑陶。微侈，高颈，双折腹，最大腹颈偏下，矮圈足。颈饰凸弦纹两周，肩饰凸弦纹一周，腹有肩棱一周，肩腹中间饰刻划绳索纹一周。

刻划纹陶壶

新石器时代（薛家岗文化）
高11.4、口径8.2厘米
1980年安徽潜山薛家岗出土
安徽省文物考古研究所藏

　　泥质黑陶。直颈，圆腹，矮圈足。颈饰凸弦纹一周，肩饰绳索纹一周，腹中部饰凸弦纹一周。

篦点纹陶响球

新石器时代（薛家岗文化）
直径分别为5.1、8.8厘米
1980年安徽潜山薛家岗出土
安徽省文物考古研究所藏

　　陶响球（小）桔黄色，14孔，球面都刻刺各种不同形式的篦点纹。
　　陶响球（大）桔黄色，14孔，球面都刻刺各种不同形式的篦点纹。

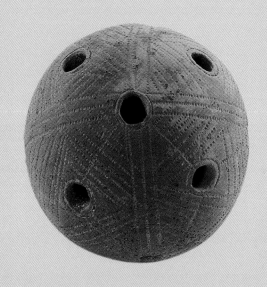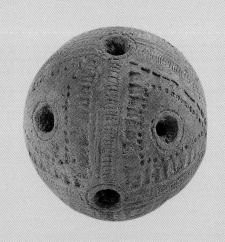

篦点纹陶响球

新石器时代（薛家岗文化）
直径分别为5.1、8.8厘米
1980年安徽潜山薛家岗出土

镂孔豆

新石器时代（石家河文化）
高33厘米
1987—1991年湖北天门肖家屋脊出土
湖北省荆州市博物馆藏

　　盘口微敞，喇叭形高圈足。盘腹饰一周凸弦纹，圈足上镂有圆形小孔。

镂孔圈足盘

新石器时代（石家河文化）
高18厘米
1987—1991年湖北天门肖家屋脊出土
湖北省荆州市博物馆藏

　　盘口微敛，粗圈足。圈足上刻镂一
圈花纹。

陶塑动物

新石器时代（石家河文化）
高约5—10厘米
1978—1987年湖北天门石家河出土
湖北省荆州市博物馆藏

　　天门石家河遗址掘获成批的红陶捏塑小动物，数量很大，品种很多，可分为陶偶、陶禽、陶兽三类。

120

抱鱼坐偶

新石器时代（石家河文化）
高8.7—9.7厘米
1978—1987年湖北天门石家河出土
湖北省荆州市博物馆藏

陶偶呈坐式，细腰身，宽裾，两手于胸前抱一条大鱼，一手前抱鱼头，一手后托鱼尾。鱼为扁长条形，鱼头浑圆，鱼尾分叉。

陶 羊

新石器时代（石家河文化）
高约6—7厘米
1978—1987年湖北天门石家河出土
湖北省荆州市博物馆藏

　　陶羊三角形头，内卷耳，粗颈，短尾，四肢较长。同地出土的陶塑动物四肢造型的区别不甚明显，均为上粗下细略呈圆柱体的形状，前肢较直，后肢后撇。

陶 鸡

新时器时代（石家河文化）
高约5—6厘米
1978—1987年湖北天门石家河出土
湖北省荆州市博物馆藏

　　鸡冠高耸，尖喙，粗颈，身躯肥壮，鸡翅平展于鸡身两侧，尾巴较长并向上微翘。最为奇特的是鸡有三足，有学者认为可能与太阳里的三足乌有关。

陶 鸟

新石器时代（石家河文化）
高约2.5厘米
1978—1987年湖北天门石家河出土
湖北省荆州市博物馆藏

　　陶鸟头浑圆，尖喙，长颈，身躯
肥硕，两翼展开略向前倾，尾巴分叉
翘起。

陶　象

新石器时代（石家河文化）
高约6—7厘米
1978—1987年湖北天门石家河出土
湖北省荆州市博物馆藏

大耳，粗牙，身躯壮硕，四肢短小，
象鼻内卷。

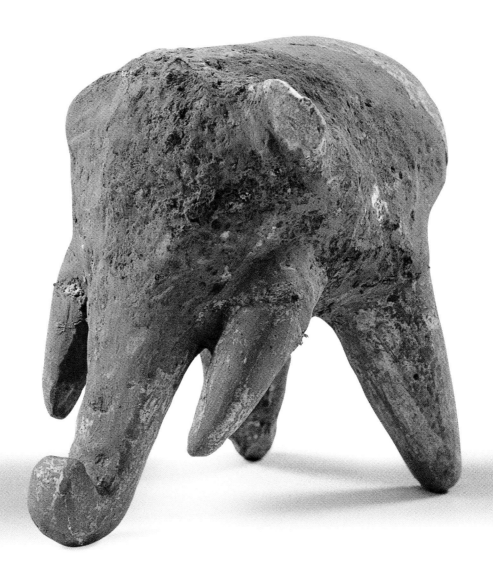

陶 猴

新石器时代（石家河文化）
高约6—7厘米
1978—1987年湖北天门石家河出土
湖北省荆州市博物馆藏

　　陶猴为坐式，造型简朴，其中一
只前肢托物于面前，似正在进食。

陶 兽

新石器时代（石家河文化）
高约6—7厘米
1978—1987年湖北天门石家河出土
湖北省荆州市博物馆藏

小头，短耳，粗颈，腰腹圆滚，上肢短小合于胸前，下肢和尾巴形成三点以撑地。关于此动物的名称，有学者认为是熊。

132

陶　偶

新石器时代（石家河文化）
高约10厘米
1978—1987年湖北天门邓家湾出土
湖北省文物考古研究所藏

　　和前面石家河出土的陶偶相似，也为跪坐式，两手于胸前抱一条大鱼。陶偶高鼻大耳，长颈细腰，系手捏制而成。

陶塑动物

新石器时代（石家河文化）
高2.5—9厘米
1978—1987年湖北天门邓家湾出土
湖北省文物考古研究所藏

　陶塑动物，均为捏制成形，包括
猪、狗、羊、鸡、鱼、象、猴、鸟、
龟等。

高足壶

新石器时代（石家河文化）
高16.1厘米
1978—1987年湖北天门邓家湾出土
湖北省文物考古研究所藏

　　泥质黄陶，红衣。大口，直领，
扁腹，圈足又粗又高。腹壁饰有网纹。

鱼鳍形足鼎

新石器时代晚期
通高32.6厘米
1985年浙江绍兴马鞍镇寺桥村仙人山出土
浙江省绍兴市文物保护所藏

　　平折沿，圆腹微鼓，三只鱼鳍形足。类似的鱼鳍形足鼎在江苏吴江龙南遗址也有发现，这类鼎一般胎薄且素面磨光。

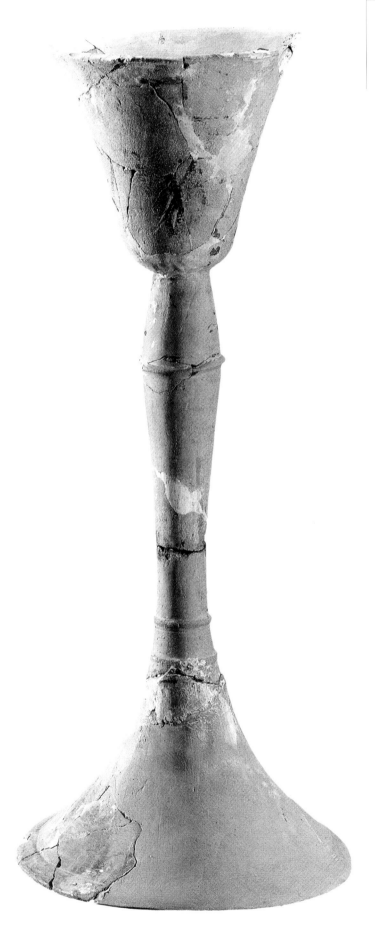

豆形器

商
通高41.5厘米
1985年湖北秭归朝天嘴出土
湖北省文物考古研究所藏

　泥质灰陶。上部呈朴形，侈口、圆唇，斜弧腹，梭形柄内空，细高喇叭形座。柄部饰一周凸棱，柄与座连接处亦饰两周凸棱。

陶 盉

商
通高38厘米
1985年湖北秭归朝天嘴出土
湖北省宜昌市博物馆藏

　　夹砂褐陶。器顶设一柱状
实心纽。纽顶下凹，管形流，
半圆形口，桶形腹略内收，三
袋足腹装扁形把，中部有一圆
穿，足，连裆、把面分别刻人
字形纹和戳印纹。

五盂禁

西周
通高11.6、小盂高1.8—2.5、口径4.5—5、底座高3.5厘米
1965年安徽屯溪出土
安徽省博物馆藏

　　安徽屯溪西郊在20世纪50年代到60年代共发现西周至春秋时期的土墩墓八座，其中原始青瓷就出土了三百余件。此器出土于3号墓中，制作规整，形制独特。

虎形器

春秋
通高23.5、口长径8.8、底最大径16.8厘米
1965年安徽屯溪出土
安徽省博物馆藏

　　圆口、扁腹、平底，以虎首为流，兽
形提梁，肩和腹上印曲折纹，腹下部印间
断绳纹与菱形纹，虎头上刻划胡须、鬃毛
与眼睛。整器灰白色胎，淡黄色釉，釉薄
而均匀。

虎形器局部

陶盉

战国（越国）
通高20.8厘米
1987年浙江绍兴上蒋乡凤凰山出土
浙江省绍兴市文物保护所藏

彩绘陶钫

西汉
高35.8、口径10.7厘米
1972年湖南长沙马王堆出土
湖南省博物馆藏

　　泥质灰陶。器身合模制成。平唇，口微外侈，鼓腹，高方圈足，肩有铺首，盖作顶形。器表磨光髹漆，器顶用银灰、朱红二色绘四蒂纹，四坡饰以黄、灰二色弦纹和波浪纹。器身除下腹部外，均用黄、绿、银灰三色绘以凤纹和云纹为主体纹的花纹。肩部二铺首上各绘一昂首立凤，另两侧及四角各绘一花瓣状云纹。腹部四边各绘一卷云纹。圈足四边各绘一凤纹。

陶薰炉

西汉
高13.5、口径12厘米
1972年湖南长沙马王堆出土
湖南省博物馆藏

　　泥质灰陶，轮制。形似豆，浅盘平底，短柄，子母口。通体涂黄色，并用红、黑二色彩绘花纹，有镂孔。盘壁相间两种花纹，一种是内加若干黑点的斜划方格纹，一种是格内凹下的斜划三角格。盖顶有可以转动的鸟形纽，鸟的眼、翅和尾部用红、黑二色勾出，纽的周围间以三角形镂孔，饰双划纹折线两层，内层作五角形，外层作八角形，盖壁的花纹与盘壁大体相同。所饰划纹多加填红色，往往又夹一条黑线。出土时，炉盘内满盛燃烧后残存的茅香炭状根茎。

红陶狗

东汉
长50、高42.5厘米
1987年河南南阳出土
河南博物院藏

绿釉三层陶楼

东汉
高67.5厘米
1981年河南内乡出土
河南博物院藏

陶楼在东汉的随葬品中十分常见，为仿实体建筑，它的出现是东汉时期炽盛的神仙思想的反映。重楼是汉人想象中升天的地方，楼越高意味着与天越接近。

东汉
高83厘米
河南桐柏出土
河南博物院藏

绿釉陶仓

东汉
高26.5、腹径19.1、底径13.8 厘米
1956年湖南长沙电影学校出土
湖南省博物馆藏

　　陶仓近圆柱体，仓顶呈覆斗状，上
立一凤鸟（或说为鸡），器身一圈圆形
镂孔和一长方形窗，外施绿釉。

带厕陶猪圈

东汉
高12厘米
1956年湖南长沙电影学校出土
湖南省博物馆藏

　　猪圈一侧有厕，其余部分为
敞口的猪圈，圈外镂有长条形纹
饰及圆形门，圈内还有陶猪。

154

刻划釉陶瓶

东汉
高25.1、口径9.4厘米
1960年安徽合肥出土
安徽省博物馆藏

　　该器纹饰丰富，排列有序，采
用刻划等技法，突出主体的四层蕉
叶纹带。

陶 屋

东汉
通高19.4厘米
20世纪50年代征集
湖南省博物馆藏

哺育俑

东汉
高12厘米
1954年湖南长沙陈家大山出土
湖南省博物馆藏

听琴俑

东汉
高39厘米
1981年四川忠县出土
四川省文物考古研究所藏

高髻戴笄，佩簪花和花
饰三枝。着广袖长衫，以带
束腰。踞坐，嘴唇紧闭，神
情肃然，右手抚耳，似正凝
神听琴的模样。

庖厨俑

东汉
高43厘米
1981年四川忠县出土
四川省文物考古研究所藏

　　俑为女性，面带微笑，屈腿盘坐，头饰双髻，系巾，卷袖。面前置俎，上堆放有鸡、鸭、鱼、龟、猪、牛头、菜等，俎侧饰花一朵，女俑左手按鱼头，右手作切鱼状。俑身、食物和花饰原绘有彩色，现大多剥落，仅存少许红绿色。

说唱俑

东汉
四川新都出土
四川省博物馆藏

泥质灰陶。着帻头，上身赤裸，下穿长裤，耸肩屈身。俑表情幽默，动作夸张，张口、露齿，眯眼，额前有数道皱纹，赤足，右脚扬起，脚掌向上，左臂下挟一圆形扁鼓，右臂向前，手执鼓槌欲击，两臂戴有璎珞珠饰，作说唱状。俑表面彩绘已脱落，仅残存白粉及褐色土痕。

执锸俑

东汉
1957年四川新津堡子山出土
四川省博物馆藏

　　俑戴冠，着长衫，两腿分立，
右手执锸杆地。服饰细部佩饰和纹
样均刻划精微。

执镜俑

东汉
四川成都出土
四川省博物馆藏

　　束高髻，戴笄，簪花两枝，着宽袖长袍，左手执镜于胸前，右手放于膝上。头部微上仰，细眉眯眼，嘴唇微张。

陶 楼

东汉
长51.6、高45厘米
1981年四川忠县出土
四川省博物馆藏

　　平面长方形，屋正面仿实用建筑，屋顶、天窗、檐额、瓦当、斗拱、柱、栏板、门、窗等一应俱全。庑殿顶，正脊和侧脊微向上翘，脊的两端各有一束瓦当。宽檐额于栏板中部蜀柱上挑出一华拱，承托上层栏板，华拱头上施一斗三升。拱下和栏板上沿两角饰垂瓜和大花。栏板内立数人，男人头上着帻戴冠，女人头上梳髻，有的在吹箫，有的在静听。檐额和栏板上彩绘垂幛和方格图案。

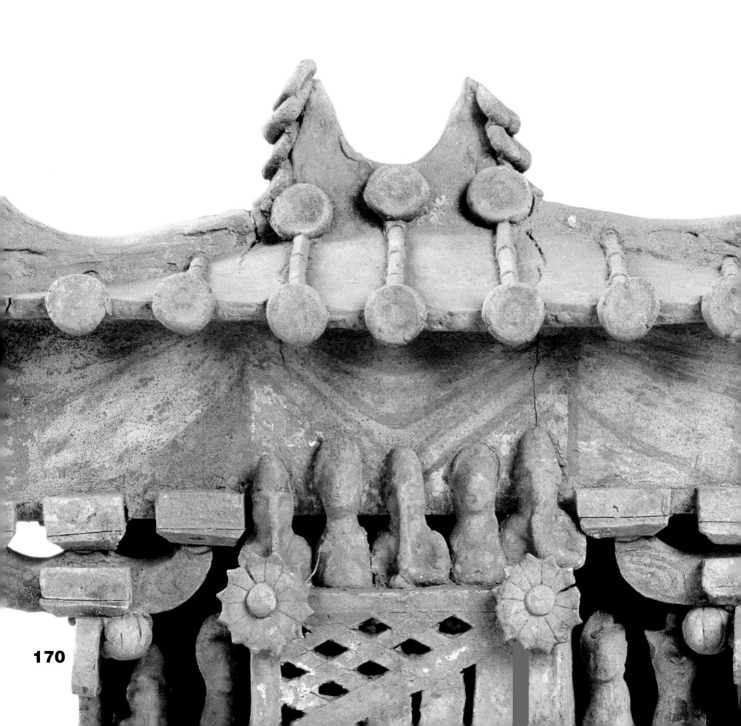

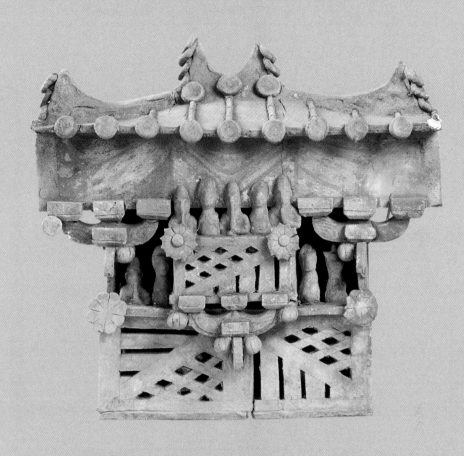

抚琴俑

东汉
高26.7厘米
1957年四川新津堡子山出土
四川省博物馆藏

　　头着帻，穿宽袖长袍，肩膀朝右微倾，两手抚琴。细眉，眯眼，张嘴，似正开怀大笑。

173

174

哺乳俑

东汉
高约22厘米
四川德阳出土
四川省德阳文物管理所藏

　　女俑束高髻着长衫，左手抱
一小孩，右手握乳喂奶，面带微
笑，专注地看着怀中的孩子。

后 记

　　长江是中华民族的母亲河。自古以来，她以自己的乳汁，滋润了180多万平方公里的中华大地，孕育了丰富灿烂的流域文化。长江文化作为中华文明的发端之一，其地位和作用逐渐为世人所认识，长江文化研究亦正在成为显学。或许是受正在兴起的"长江文化热"的感染，抑或是受某种责任心的驱使，作者、编者产生了从美术的角度去展示长江文化辉煌和由此探求本民族美术发展轨迹的冲动，于是，就有了本书的最初创意。

　　《长江流域古代美术（史前至东汉）》选题的提出是在1996年，经过将近一年的酝酿和论证后，选题的思路、体例、编撰方案逐渐清晰，接着就进入了漫长而艰苦的组稿过程。为了尽可能齐全地搜集到长江流域古代各类美术遗产的图片，作者、编者跑遍了长江及其大小支流，足迹几乎遍布整个流域，行程两万多公里，历经5个寒暑，收集了近两千幅珍贵的图片资料，然后就是一个接一个的讨论会和总也开不完的夜车……

　　在书稿付梓时，我们的心情自然十分激动，但也不无遗憾。长江流域如此广大，史前至东汉的历史又如此漫长，作者、编者虽竭尽全力搜寻，终不能穷尽这个区域以及这个历史时段里已知和未知的美术遗产，甚至有个别器物，明知为中国古代美术史上的重要作品，却因各种原因而未能将其纳入。所以，本书所反映的只是一个大致完整的、东汉以前长江流域美术的基本面貌。有所阙如，我们只有怀着遗憾的心情，向读者表示深深的歉意。

　　编撰断代的区域美术分类图集，没有现成的经验可资借鉴，加之我们的学力不足，视野有限，书中的谬误与错讹在所难免，敬祈方家指正。

　　《长江流域古代美术（史前至东汉）》的征稿与编辑过程中，曾得到云南省博物馆、云南省文物考古研究所、四川省文物考古研究所、四川省博物馆、湖南省博物馆、长沙市博物馆、河南博物院、河南省文物考古研究所、南阳汉画馆、南阳市文物研究所、信阳市文物管理处、湖北省博物馆、湖北省文物考古研究所、荆州博物馆、宜昌市博物馆、安徽省博物馆、安徽省文物考古研究所、江西省博物馆、南京博物院、南京市文物局、扬州市博物馆、镇江考古研究所、上海博物馆、浙江省博物馆、浙江省文物考古研究所、绍兴市文物管理所等单位和有关人士的大力支持，在此一并敬表谢忱。

编者　2002年4月

长江流域古代美术丛书

长江流域古代美术（史前至东汉）陶器与陶塑

长江流域古代美术（史前至东汉）玉石器

长江流域古代美术（史前至东汉）青铜器·上

长江流域古代美术（史前至东汉）青铜器·下

长江流域古代美术（史前至东汉）漆木器

长江流域古代美术（史前至东汉）绘画与雕刻

主编简介

张正明 1928年生，上海人。著有《楚文化史》、《楚史》、《巫、道、骚与艺术》、《两条中轴线的重合——长江文化的历史和现实》等等，参与撰写了多人合作的《长江文化史》，主编了《楚学文库》，并与皮道坚合作主编了《楚美术图集》。现为华中师范大学历史文化学院教授。

邵学海 1951年生，浙江宁波人，毕业于湖北艺术学院美术系。著有《激情浪漫——楚国的艺术》、《绘画中华文明史》（与冯天瑜先生合作）等。在《美术》、《江苏画刊》、《江汉考古》、《寻根》等刊物上发表美术史及美学论文数十篇。现为湖北省社会科学院楚文化所研究员、副所长。

策　　划　　娄齐贵　冯芳华

撰　　文　　（以姓氏笔画为序）
　　　　　　王丹丹　许　芹
　　　　　　杨德标　邹　至
　　　　　　俞为洁　翟玉莘

摄　　影　　（以姓氏笔画为序）
　　　　　　王振本　王明达
　　　　　　江　聪　郑旭明
　　　　　　宋　健　郝勤建
　　　　　　陈振戈　金　陵
　　　　　　易家敏　钟守成
　　　　　　高　玲　阎新法

责任编辑　　孙艳魁
责任校对　　刘慧芳
责任印制　　叶俊清　张遇春
版式设计　　夏金钟
装帧设计　　金钟工作室

图书在版编目(CIP)数据

陶器与陶塑 / 张正明，邵学海主编. —武汉：湖北教
育出版社，2002
(长江流域古代美术. 史前至东汉/ 张正明，邵学海主编)
ISBN 7－5351－3288－X

Ⅰ. 陶... Ⅱ.①张... ②邵... Ⅲ.①陶器〔考古〕－
中国－古代－图录②陶瓷－雕塑－中国－古代－图录
Ⅳ. K876.32

中国版本图书馆CIP数据核字（2001）第097773号

出版发行　湖北教育出版社
地　　址　武汉市青年路277号
邮政编码　430015
电　　话　(027)83619605
版　　次　2002年9月第1版
印　　次　2002年9月第1次印刷
开　　本　965X1270 毫米　1/16
印　　张　12.25
印　　数　1-2 000
制　　作　武汉大海岸设计制作有限公司
印　　刷　深圳中华商务联合印刷有限公司
书　　号　ISBN 7－5351－3288－X／K·101
定　　价　240.00 元